La Perfecta Cabrona en el trabajo

Elizabeth Hilts

La *Perfecta Cabrona*
en el trabajo

DIANA

Título original: *The Bitch at Work*
Traducción: Rosa María Fernández Valiñas

© 2007, Sourcebooks, Inc., del diseño de portada.
  Con adaptación de Sergio Ávila
© Stephanie Piro, de ilustración de portada e interiores

© 2007, Elizabeth Hilts

Derechos reservados en español para América Latina.
Publicado mediante acuerdo con Sourcebooks, Inc. Naperville, IL, 60563
Estados Unidos. www.sourcebooks.com
Sourcebooks y su sello editorial son marcas registradas de Sourcebooks, Inc.

© 2008, Editorial Diana, S.A. de C.V.
Avenida Presidente Masarik núm. 111, 2o. piso
Colonia Chapultepec Morales
C.P. 11570 México, D.F.
www.diana.com.mx

Primera edición: mayo de 2008
ISBN 978-968-13-4365-1

Impreso en los talleres de Litográfica Ingramex, S.A. de C.V.
Centeno núm. 162, colonia Granjas Esmeralda, México, D.F.
Impreso y hecho en México – *Printed and made in Mexico*

Dedicatoria

Este libro está dedicado a todas las mujeres que saben que el éxito no es una propuesta con una talla única para todas. Y a mis queridas niñas: Shannon Hector y Cassidy Elizabeth Singleton, quienes me inspiran para dar lo mejor de mí cada día.

Agradecimientos

A la autora le gustaría agradecer (una vez más) a Deborah Werksman por todo lo que ha hecho por la Perfecta Cabrona.

Gracias a todas las personas de Sourcebooks, en particular a Susie Benton, Leigh Albright y Rebecca Kilbreath.

Evidentemente, hay muchas mujeres cuya ayuda fue decisiva para traer a mi Cabrona Interior al trabajo (ahora, ya hay una idea para una campaña a nivel nacional): Laura Fedele, cuya inteligencia, humor e increíble ética en el trabajo continúan siendo una inspiración; Dawn Collins Hobbs, Nancy Cooper Smith, Michelle Gershkovich, Sheila Manning, Ingrida Perri, Elaine Osowski, Ruth Swanson y Sandra Charles.

Ah, y mis "chicos", Tom Connor, Michael Du Mez, Miguel Frasconi y David LeTourneau. Gracias a mis hermanos: Robert G. Hilts y John D. Hilts, por ser más graciosos que, bueno, que casi todos los demás.

Como siempre, gracias, Neil, por el té y por ser el Paquete Completo; por ayudarme a que todos mis sueños se conviertan en realidad.

Contenido

Haciendo las cosas al estilo de la Cabrona Interior:

Si es verdad que sólo empiezan a llamarte Cabrona cuando tienes éxito, tal vez el mejor lugar para explotar el poder de tu Cabrona Interior sea el trabajo.

O la casa. O cualquier lugar en el que tú quieras tener mucho éxito.

Introducción

¡*F*elicidades! Acabas de dar el primer paso para conectarte con el poder de tu Cabrona Interior. Sí, con sólo tomar este libro, ya estás en camino de lograr tu propio éxito.

¿Qué tiene que ver la Cabrona Interior con el éxito? Bueno, pues todo. Déjame explicarte.

En mi primer libro, *Manual de la Perfecta Cabrona*, hablé sobre la Lindura Tóxica, esa misteriosa enfermedad que nos lleva a tener una conducta frustrante, cuya única cura es ponerte en contacto con tu Cabrona Interior. La Lindura Tóxica se conoce también con otros nombres: "la enfermedad de complacer", codependencia, protección (que es buena con moderación, pero puede ser Lindura Tóxica disfrazada). No importa cómo la llames, cuando sufrimos de Lindura Tóxica todos los que tienen un lugar en nuestra vida reciben mucho más del fruto de nuestros esfuerzos que nosotras mismas. La Lindura Tóxica nos hace decir "sí" cuando queremos decir "no". Preferimos comer un pedazo de pastel (o hasta un pastel entero) en lugar de decirle a alguien lo que pensamos. Nos disculpamos por cosas que no son culpa nuestra. Por otra parte, entrar en contacto con nuestra Cabrona Interior significa llamar a las cosas por su nombre y perder el miedo a decir lo que pensamos. La Cabrona Interior es esa parte de nosotras mismas que es inteligente, segura y digna. Sabe lo que quiere y no está dispuesta a conformarse con menos, lo cual tiene *mucho* que ver con el éxito.

Naturalmente, la Lindura Tóxica es mortal para las relaciones, un descubrimiento que me llevó a escribir mi segundo libro, *The Bitch in the Bedroom* (*Nueva guía para ser más Cabrona… con los hombres, en las relaciones, las citas*, en español).

Por lo tanto este libro era inevitable. Después de todo, ¿qué otra cosa podrías hacer con toda esa energía que solías dedicar a cuidar a todos los demás? Sería mejor que la pusieras a funcionar en el lugar en el que trabajas, explotando la energía de la Cabrona Interior para obtener la mayor cantidad de éxito posible. Y tu Cabrona Interior quiere que sueñes a lo grande en lo que se refiere a esta (y cada) parte de tu vida.

El truco es descubrir lo que el éxito significa exactamente para ti. Porque, seamos sinceras, las palabras "talla única" no sirven para el éxito, como tampoco sirven para la ropa.

Buenas noticias

Tu Cabrona Interior te va a ayudar a vencer los obstáculos que encuentres en el camino del éxito, sin importar cuál sea tu definición para éste.

¿Por qué lo sé? Lo sé porque todo lo que tengo hoy se lo debo a haberme puesto en contacto con mi Cabrona Interior. Además de lo que es obvio, estar en contacto me ayudó a ser honesta conmigo misma sobre los baches que dificultaban mi camino al éxito, los obstáculos que, en algunos casos, yo misma colocaba. Por ejemplo:

- Me costaba trabajo admitir que soy ambiciosa —esta era, desde luego, una parte integral de la forma en que la Lindura Tóxica actuaba en mi vida.

- Me relacionaba con gente que no me apoyaba; en este grupo puedo incluir al que en ese entonces era mi marido, compañeros de trabajo, jefes y amigos, entre los que había algunos que me disuadían activamente de buscar el éxito.

- Durante mucho tiempo estuve en el trabajo equivocado, lo que en mi caso fue una elección totalmente influenciada por la Lindura Tóxica. Debido a que yo estaba tan inmersa en que todos los que se encontraban a mi alrededor estuvieran bien atendidos, tardé mucho tiempo en darme cuenta de que ir a trabajar todos los días me hacía sentir miserable, y no sólo porque tuviera que usar medias todos los días.

Cuando finalmente empecé a ponerme en contacto con mi Cabrona Interior, esos baches empezaron a desaparecer. No fue por arte de magia, tuve que trabajar mucho.

Pero el punto es éste: te estoy hablando desde la trinchera. No tengo una maestría en administración de empresas; no he subido ninguna escalera corporativa; en lo único que soy experta es en la Cabrona Interior, y te prometo que ponerte en contacto con tu Cabrona Interior te ayudará para encontrar el éxito que realmente deseas.

¿Cómo? Pues con una frase útil, desde luego. En el libro *El Manual de la Perfecta Cabrona* utilicé la frase: "Yo creo que no" (en verdad es una frase que puedes usar para todo); en *Nueva guía para ser más Cabrona* usé: "¿Qué estoy pensando?" (que es mucho mejor que: "¿En qué estaba pensando?"). Y para seguir con la tradición de la Perfecta Cabrona, y para ayudarte en tu camino, la frasecita útil de *La Perfecta Cabrona en el trabajo* será: "Lo voy a pensar".

"Lo voy a pensar" puede ayudarnos de muchas formas:

- Es una gran alternativa a decir "sí" a cada petición que te hagan.
- Te da tiempo para pensar antes de formular una respuesta definitiva.
- Te hace lucir como una persona que considera "el panorama completo".
- Es fácil de usar.

Explorémosla, ¿sí?

El éxito no te va a atacar.

Tú tienes que atacar el éxito.

Capítulo Uno

La cuestión del éxito

¿Cómo define el éxito la Cabrona Interior? ¡Contemos las formas! Según el diccionario (en este caso el *Webster's Third New International*; Tercer Nuevo Diccionario Internacional Webster, en español), las definiciones de éxito incluyen:

1. El grado o medida de obtención de un fin deseado.
2. Un tipo de fortuna.
3. Tener un triunfo total o de acuerdo con nuestros deseos.
4. La obtención de riqueza, posición, aprecio, aprobación o eminencia.

Todo esto suena bien, ¿no? El único problema es que ninguna de ellas es realmente útil por esta sencilla razón: definir el éxito es algo excepcional, es singular y es un trabajo a la medida. Cada uno de nosotros debe definirlo para sí mismo y —¡aquí está el truco!— esa definición está destinada a cambiar cuando evolucionamos. Aunque grabáramos una definición de éxito en piedra, el paso del tiempo y la acumulación de experiencia desgastarían las letras y nos dejarían una pizarra en blanco.

¿No te parece maravilloso?

Puedo oír lo que estás pensando: "Yo creo que no". Pero espera un poco, te mostraré lo que quiero decir.

"Para que puedas ganar debes tener una meta"

—Proverbio

En cierto momento de mi vida el éxito para mí era poder pagar la renta y que todavía me quedara dinero para comida, gas y uno o dos pares de medias (las que, lo crean o no, en ese trabajo eran parte del código de etiqueta para las mujeres) cada mes (los servicios los pagaba un mes sí y otro no), y aprendí a lograr que esas delicadas pantimedias me duraran muchas puestas y que no se corrieran.[1] Un poco después, la definición cambió ligeramente: el éxito era obtener un trabajo en el que no tuviera que usar pantimedias. Avancemos unos cuantos años y mi definición de éxito se había expandido para incluir una oficina con puerta, subalternos directos (y también, unos cuantos indirectos), el dinero suficiente para pagar la hipoteca, el crédito del coche y la tintorería; comprar comida, gasolina, un traje nuevo sólo porque lo quería, poder pagar una ronda de copas, y otras muchas cosas; además de dinero para salir de vacaciones, cenas, boletos para el teatro y gastos similares.

Ahora mi definición del éxito es un poco más reducida: puedo pagar la hipoteca y la tintorería, y mi único subalterno es mi gatita (y ella, aparente-

---

[1] Toma dos pares de pantimedias, cada uno rasgado de una pierna. Corta las piernas que están rasgadas y tíralas. Ponte los dos pares buenos. No es muy cómodo, pero es muy efectivo.

mente, no ha recibido ese memorando). Sólo uso pantimedias cuando es absolutamente necesario. Además, tengo tiempo para escribir libros y disfrutar a mi marido, mi familia y mis amigos.

¿Cuál es la definición correcta? Todas. Al ir cambiando mi vida, también cambió mi definición del éxito. Y, si lo piensas, también la tuya ha ido cambiando.

El éxito: un blanco en movimiento

Lo más probable es que hoy en día no quieras lo mismo que querías hace cinco años. Tal vez sea porque ya lograste el objetivo que querías entonces. O, tal vez, mientras perseguías esa meta, aprendiste algo nuevo y cambiaste un poco tu enfoque. Hasta es posible que te dieras cuenta de que ni siquiera *querías* ese trabajo, título o estilo de vida en el que estabas invirtiendo tanta energía. Cualquiera que sea la razón, lo que quieres ahora es diferente.

Cambiar tu meta no significa que no valiera la pena trabajar para lograr el objetivo que tanto querías. Sólo significa que tus sueños cambiaron, probablemente porque tú misma te reinventaste en el proceso de alcanzar tu meta. Aunque el objetivo no haya cambiado, tú sí lo hiciste.

"Todos los mortales tienden a convertirse en lo que están pretendiendo ser"

—C.S. Lewis.

Lo verdaderamente importante al definir el éxito es que nos ayuda a soñar en grande (y tu Cabrona Interior quiere que sueñes en grande). ¿Es posible obtener el éxito si no sabemos cómo luce? Yo creo que no.

Sin embargo, podemos encontrar algunos obstáculos en el camino.

¿Eso era un bache?

Algunos de los baches en el camino al éxito son circunstanciales, algunos están profundamente enraizados en la "tradición" y otros más son creaciones propias. Veámoslos, ¿te parece?

Éxito Tóxico

¿Por qué podría ser tóxico el éxito? Bueno, para empezar:

- El éxito según la definición de otras personas es Éxito Tóxico.
- El éxito limitado sólo a un área de nuestras vidas, dejando las otras en el caos, es Éxito Tóxico.
- El éxito que se ve maravilloso desde fuera pero a ti te deprime es Éxito Tóxico.

¿Quieres que continúe? El Éxito Tóxico es tan debilitante como la Lindura Tóxica. Tu Cabrona Interior quiere que te asegures de que el éxito que escojas es el que en realidad quieres, que la meta que persigas es la que tú deseas, no la que tu mamá quiere para ti o la que tu jefe fijó como base para tu siguiente bono o ascenso.

Paga desigual (todavía)

Las mujeres y los hombres siguen sin recibir un pago igual por trabajo igual. "Eso no puede ser", podrías decirme. Pero es real, y aquí tienes las estadísticas: en 1963, cuando se promulgó la Ley de Igualdad de Compensaciones (Equal Pay Act), a las mujeres que trabajaban tiempo completo se les pagaba, en promedio, 59 centavos por cada dólar que recibía un hombre. Para 2004, ¡41 años después!, las mujeres que trabajaban tiempo completo recibían 76 centavos por cada dólar que cobraba un hombre. (Saca tus conclusiones: la brecha entre salarios disminuyó menos de medio centavo al año.) La brecha es aún mayor para las mujeres de color: las mujeres afroamericanas recibían sólo 69 centavos, las latinas sólo 58.

De acuerdo con la Organización Nacional de las Mujeres (NOW, por sus siglas en inglés): "Si las mujeres ganaran tanto como los hombres trabajando el mismo número de horas, teniendo la misma educación y el mismo estado civil, tuvieran la misma edad y vivieran en la misma región del país, el ingreso anual de las mujeres crecería 4 000 dólares por persona (unos cuarenta y cinco mil pesos) y las tasas

de pobreza se reducirían a la mitad. Las familias trabajadoras ganarían la sorprendente cifra de 200 mil millones de dólares en su ingreso anual familiar".[2]
¿Indignada?

El techo de cristal
Ellos le dieron nombre, pero nosotras no tenemos por qué reivindicarlo.

Sin embargo, la verdad es que fingir que el techo de cristal no existe es una tontería. Ahí está y tenemos que lidiar con él. Desde luego que hay mujeres que lo atravesaron y llegaron a la cima: Carly Fiorina (CEO de Hewlett-Packard), Meg Whitman (presidenta ejecutiva de eBAY), Mickey Siebert (la primera mujer en tener un lugar privilegiado en la Bolsa de Nueva York), y tal vez podría recordar algunas otras; pero el 90 por ciento de las 500 empresas que aparecen en la revista *Fortune* como las mayores del mundo, ni siquiera tienen mujeres en los puestos de dirección.

No obstante, otra gran obstrucción en nuestro camino al éxito es algo que no decimos en voz alta.

Lo que no decimos en voz alta
Un antiguo dicho sostiene: "A veces el silencio es la mayor mentira".

[2] Portal de la National Organization for Women (25 de abril de 2006).

Hay cientos de razones por las que no hablamos de ciertas cosas en voz alta, desde vergüenza, hasta presión de grupo o la impronta social (que es un término rebuscado para las cosas que aprendimos al ir creciendo).

¿Cuáles son estas cosas de las que no debemos hablar en voz alta? Estos son algunos de los mejores ejemplos:

"Soy ambiciosa".

¿Qué tiene esta frase que nos hace sudar frío? En realidad, decir estas palabras en voz alta nos parece, bueno… en cierta forma, poco femenino. Hasta las mujeres que han llegado a lo más alto en sus campos respectivos minimizan el papel que la ambición ha desempeñado en su éxito. "Sí, gané dos Óscares e innumerables premios más, pero eso sólo es trabajo. Prefiero quedarme en casa con mis hijos, arreglando el jardín y horneando galletas todos los días." Seguro. Por eso me encantó escuchar este diálogo entre Felicity Huffman y Lesley Stahl[3] en el programa *60 Minutos* (15 de enero de 2006).

Lesley Stahl le preguntó a Huffman si la maternidad era su mejor experiencia de vida. La respuesta podría considerarse como "sorprendente":

---

[3] Felicity Huffman: actriz estadounidense, famosa por su papel en la serie "Esposas Desesperadas". Lesley Stahl: periodista y presentadora del programa *60 Minutos*.

"No, no; y me ofende tu pregunta", dijo Huffman. "Porque creo que pone a las mujeres en una posición insostenible ya que, a menos que yo te conteste: 'Sí, Lesley, es lo mejor que he hecho en toda mi vida', me considerarán una mala madre. Y tú misma, con tan sólo escuchar un 'no', te fuiste de espaldas."

¿Qué tal? En resumidas cuentas Felicity Huffman está expresando una idea que muchas de nosotras ni siquiera queremos aceptar que existe: que aunque valoramos ser madres, nuestro trabajo puede importarnos tanto como eso (o tal vez —¡zas!— incluso más). Lo que nos lleva a lo siguiente: *"El éxito en mi carrera es por lo menos tan importante como mi éxito personal, y tal vez hasta más".*

Y a esto: *"Siento que si no pongo a mi familia por delante, la gente va a creer que algo está mal en mí".*

A primera vista, estas dos afirmaciones podrían parecer contradictorias. Sin embargo, si profundizas un poco, te darás cuenta de que en realidad no lo son, y no sólo porque sean cosas que no decimos en voz alta.

"He tenido que escoger entre mi carrera y mi relación/ matrimonio/hijos."

La verdad es que el éxito exige algunos sacrificios. Después de todo, el día sólo tiene veinticuatro horas. Si eres una madre soltera que trabaja de tiempo completo y estudia, probablemente no te quede mucho tiempo para salir con hombres ni para estar con tus amigos. Si eres una madre, casada, que trabaja de tiempo completo, eventos como "salir una noche con tus amigas" probablemente sucede en raras ocasiones. Sin importar cuál sea tu situación, tu búsqueda del éxito (no importa lo que esto signifique para ti) va a interferir con otras áreas de tu vida.

Por ejemplo, considera esta cita de Becca Swanson —la Mujer Más Fuerte del Mundo (¡puede levantar más de 900 kilos!)— en la revista *Pink*: "Secreto de tu éxito. Sacrificio. Tuve que renunciar a tener hijos. Me encantaría estar casada, y después de diez años es ridículo que no lo estemos (ella y su socio/prometido Rick Hussey), pero todo nuestro dinero lo invertimos en el gimnasio y todo nuestro tiempo en levantar pesas".[4] Ella es una mujer que compró un gimnasio cuando estaba en la universidad, y trabaja 14 horas diarias.

"Me avergüenza mi deseo de tener éxito y todo lo que esto significa."

Parece que existe cierta creencia persistente de que algo está mal si una mujer es ambiciosa, si pone su carrera por delante, que quiere —y se empeña en obtener— los símbolos típicos del éxito.

---

[4] *"Move Over, Arnold"* ("Hazte a un lado, Arnold", en español). Revista *Pink*, noviembre de 2006, pág. 28.

Si eso no fuera cierto, ¿por qué algunas comedias (varias de ellas escritas y protagonizadas por mujeres) sacan tanto jugo a burlarse de las mujeres ambiciosas? Sin mencionar todas las telenovelas, libros y películas que representan a esas mujeres como cabronas despiadadas que tienen vidas sin sentido, y sólo están esperando a alguien que llegue a salvarlas de ellas mismas.

"Parte de la razón por la que no he puesto mi carrera en primer lugar es que mi compañero no me apoya todo lo necesario."

Hmm. Tal vez éste sea un buen momento para volver a hablar de una idea que expuse por primera vez en el libro *The Bitch in the Bedroom* (*Nueva guía para ser más Cabrona... con los hombres, en las relaciones, las citas,* en español). Que yo sepa, un hombre que no te ayude a llegar a la cima no te va a ayudar a mantenerte en ella. (Esto no es solamente autopromoción descarada, es apalancar los activos existentes, querida.) Mientras que una parte de tu Cabrona Interior dice: "Mándalo a freír espárragos", otras muchas partes entienden que tal vez ésta no sea la solución más razonable. Tu Cabrona Interior también sabe que si tu compañero no te apoya tanto como debería, lo primero que hay que hacer es una rápida revisión de la Lindura Tóxica. ¿Estás pidiendo lo que necesitas, o caíste en la trampa de pensar que tu compañero sabe leer tu mente? Otra pregunta que debes hacerte es la siguiente: ¿Qué significa la palabra *apoyo*? Hablando desde mi experiencia personal, tengo que admitir que durante mucho tiempo esperé que mi marido (alias el Paquete Completo) me apoyara haciendo la mitad de las labores del hogar, porque me di cuenta de que ese tipo de cosas me agotan. Y me enfurecí cuando entendí que no lo iba a hacer. "Mira, tengo fechas de entrega que cumplir y tengo que preparar juntas y bla, bla, bla, bla. ¡Lo mínimo que podrías hacer sería limpiar el baño y pasar la aspiradora una vez cada dos semanas!", le grité. Él me señaló, de forma bastante razonable, que también tenía muchas cosas que hacer.

Seguí despotricando sobre lo agotada que estaba, toda la presión que sentía y lo injusto que todo esto me parecía, hasta que me calló rápidamente con esta sencilla declaración: "No estoy intentando menoscabarte; sencillamente no tengo tiempo".

Fue entonces cuando contraté una empresa de servicios de limpieza. Porque me di cuenta de que lo importante era que yo tuviera más tiempo libre, y no lograr que mi marido hiciera la mitad del trabajo. ¡Ah!, y asegurarme de que el baño estuviera limpio.

Lo que quiero decir es que el "apoyo" toma muchas formas diferentes y se puede encontrar en muchos lugares distintos. Tu Cabrona Interior quiere que te asegures de que no te estás engañando sobre el apoyo que necesitas, insistiendo en que venga de una sola fuente.

"*¿Carrera? Yo no quiero una mugrosa carrera; sólo necesito un trabajo que me dé para pagar mis gastos.*"

No hay mucho que discutir sobre esta frase. Y la mayoría de las que nos sentimos así tenemos muchas ganas de expresarlo en voz alta. Tu Cabrona Interior dice: "Bravo". También sabe que si vas a tener que ir a trabajar, lo mejor será que aproveches la experiencia al máximo.

Así que sigue leyendo.

A tu Cabrona Interior le gustaría

recordarte que no todas las preguntas

exigen una respuesta inmediata.

Capítulo Dos

"Lo voy a pensar"

Entonces, ¿cómo nos va a ayudar la frase: "Lo voy a pensar", a sobrepasar los obstáculos en nuestro camino al éxito?

Vamos a pensarlo

Tu Cabrona Interior quiere que coseches todos los beneficios de tu arduo trabajo; y aclaremos algo: parte de la razón por la que lo llaman "trabajo" es porque es arduo, por lo menos parte del tiempo. Hasta los trabajos que nos encantan pueden poner a prueba nuestra paciencia, hacernos pasar momentos difíciles y sacarnos de quicio. ¿Te suena conocido? Seguro que sí; se parece bastante a nuestras relaciones.

Al igual que en las relaciones, una parte de estar en contacto con tu Cabrona Interior en el lugar de trabajo significa saber lo que quieres, saber lo que estás dispuesta a hacer para conseguir lo que quieres y actuar en consecuencia. Aquí es donde la frase: "Lo voy a pensar" se vuelve útil.

Probémosla, ¿te parece? Debes empezar a usar: "Lo voy a pensar" poco a poco. Por ejemplo:

- Estás en la cuarta junta de estrategia de esta semana y apenas es miércoles. En las primeras tres, te ofreciste como voluntaria para investigar cómo se pueden lograr cinco cosas diferentes y también a llevar las donas todos los días. El vicepresidente ejecutivo de Grandes Ideas piensa en voz alta si sería posible retroceder en el tiempo y conseguir unas cuantas donas cubiertas de chocolate más. Todos voltean a verte. "Lo voy a pensar", dices, mientras te terminas la última dona y te chupas las manchas de chocolate de los dedos.

Está bien, ya sé que suena ridículo. ¡Tú no comes donas! Pero el punto es que, si tú eres a la que todos voltean a ver cada vez que el vicepresidente ejecutivo tiene una de sus Grandes Ideas, ya es momento de que empieces a utilizar la frase: "Lo voy a pensar", por lo menos tres veces en cada junta. Porque, querida, has estado trayendo tu Lindura Tóxica al trabajo, y la cantidad de temas que estás investigando prueba que todo mundo está obteniendo más de tus esfuerzos que tú. Y ni siquiera vamos a hablar de la razón por la que eres la voluntaria que trae las donas al trabajo, cuando tú ni siquiera las comes.

Desde luego que habrá veces en que te pidan que hagas algo realmente necesario, pero lo que requieres es ganar un poco de tiempo. "Lo voy a pensar" realmente va a funcionar en esta situación.

- "Oye, Clarice, ¿qué te parece si vas a hablar con el tal Hannibal Lecter y averiguas si puede aclarar esta situación?"

  "Lo voy a pensar, pero primero tengo que llevar a cabo una investigación para ese otro proyecto en el que estoy trabajando."

- Tu jefe se acerca a tu cubículo para preguntarte si puedes ayudar a tu compañero, Barry, con algo, porque "el pobre está abrumado".

Tú sabes que Barry está abrumado porque tiene que decidir lo que va a comer ese día. También sabes por experiencia que ayudarle significa que tú vas a hacer todo el trabajo y él va a obtener el reconocimiento. Además, ya tienes suficiente trabajo sobre tu escritorio como para mantenerte ocupada hasta, ¡ay!, dentro de dos meses, y todo tiene que estar hecho para el lunes.

Puedes enfurecerte o intentar esta alternativa: "Voy a pensar la forma de lograrlo, pero déjame preguntarte lo siguiente: ¿hay algo de mi trabajo actual que pueda esperar hasta que termine este otro proyecto?" Lo bueno de dejarle las decisiones al jefe es que no sólo no te estás negando a ayudar, le estás pidiendo su ayuda para establecer un orden de prioridades en el flujo de trabajo del departamento.

- Durante una comida, una clienta te entrega el prospecto de la más reciente aventura empresarial de su hijo. "Es una idea grandiosa y está buscando inversionistas. Yo voy a invertir 10 000 dólares; ¡tú deberías invertir también!"

Tu respuesta: "Lo voy a pensar". Una vez más, no es realmente una respuesta final, porque tu Cabrona Interior quiere que leas el prospecto con mucho cuidado y que consultes a tu asesor financiero antes de realizar una inversión. El beneficio añadido de hablar con tu asesor financiero es que, si decides no invertir en la empresa del hijo de tu clienta, tendrás la opción de culpar al experto.

- Cierto día recibes una llamada de un reclutador de empleados que está intentando llenar una vacante que por casualidad es el trabajo de tus sueños. "¿Conoces a alguien que pudiera ser un buen candidato?", te pregunta. "Lo voy a pensar y mañana te llamo", le contestas.

Por qué no sólo decir: "¡Claro! ¡Yo! ¡Yo sería una gran candidata!" Ya que preguntas, te diré que ella sabe que eres perfecta para ese trabajo, o no te habría llamado. Y tu Cabrona Interior no quiere que actúes primero y pienses después. Además, esto te da la oportunidad de poner tus ideas en orden. Antes de regresarle la llamada, actualiza tu currículum, haz una lista de todas las razones por las que serías buena para ese trabajo y (lo más importante) estarás haciendo la llamada bajo tus propios términos y no los suyos. (Por cierto, si trabajas en un cubículo, esto también te dará la oportunidad de regresar la llamada desde un lugar más privado. Si tienes una oficina, puedes cerrar la puerta.)

"Lo voy a pensar" funciona. Lo más probable es que si te tomas unos minutos para reflexionar sobre las posibles aplicaciones que le puedes dar en tu propia vida, hagas una lista bastante larga.

Ampliando las oportunidades

Desde luego, hasta la frase más útil sólo tiene cierto alcance; y una vez que empieces a apelar a tu Cabrona Interior, te desharás de toda la pérdida de energía y tiempo tóxicos. En ese momento puedes empezar a aprovechar el poder de tu Cabrona Interior para iniciar la construcción de los cimientos del éxito centrándote en:

- Planear tu trabajo. Esto significa mucho más que determinar un horario para realizar tus tareas. Cuando estés en contacto con tu Cabrona Interior podrás decidir qué es lo que de verdad quieres hacer para poder pagar tus gastos. Tu Cabrona Interior ampliará tus posibilidades de decidir sobre tu carrera: ya sea que quieras abrir tu propio negocio, cambiar de profesión por completo o simplemente mantener tu trabajo actual.
- Crear tu equipo. Seas o no gerente, tu Cabrona Interior sabe que necesitas un equipo para tener éxito. Y que ese equipo debe incluir tanto gente con la que trabajas todos los días como gente "de fuera".
- Manejar los errores. Tu Cabrona Interior ya sabe que aprendemos más de nuestros tropiezos que del éxito.
- Manejo de conflictos. Por favor, ¿quién está mejor calificada para esta tarea en particular que tu Cabrona Interior?
- El panorama completo (también conocido como: el balance trabajo-vida). Tu Cabrona Interior sabe que trabajo sin diversión hace la vida de una sola dimensión, además de aburrir a cualquiera. ¿Estás dispuesta a conformarte con una vida de una sola dimensión? Yo creo que no.

- Ser la jefa. Como siempre digo, cuando eres la jefa, eres la Cabrona (la parte importante de esta afirmación es que tú eres la jefa) y el éxito por definición depende de cómo manejes todo lo que conlleva: el poder, el prestigio y la responsabilidad. Tu Cabrona Interior quiere que aproveches el paquete completo.
- Construir el futuro que quieres. Finalmente, el punto de estar en contacto con tu Cabrona Interior es tener la vida profesional y personal que realmente quieres.

El hecho es que usar un rápido "Lo voy a pensar" limpiará el camino y hará que el éxito, en cualquier forma que lo definas, sea más fácil de alcanzar.

Tu Cabrona Interior quiere que te asegures de que tu escalera laboral esté apoyada contra la pared correcta.

Capítulo Tres
Planea tu trabajo, trabaja en tu plan

Considerando que pasamos la mayor parte del día en el trabajo, en un mundo ideal disfrutaríamos lo que estamos haciendo durante todas esas horas. Tu Cabrona Interior sabe que no vives en un mundo ideal. También sabe que este simple hecho no significa que tengas que conformarte con un trabajo que no te satisfaga por lo menos un poco.

Sueña un gran sueño

Cuando era una niña de unos 10 años, mi amiga Peggy decidió que quería ser astronauta, principalmente porque en esos días no había mujeres astronautas y todo el mundo le decía que no podría serlo. Peggy investigó un poco y descubrió que la mayoría de los astronautas eran buenos en temas como ciencias y matemáticas, además de que les resultaba más sencillo saber cómo volar; así que se pasaba mucho tiempo estudiando cualquier cosa que tuviera que ver con el cosmos y haciendo ejercicios de álgebra avanzada "por diversión".

La buena noticia es que todo el arduo trabajo de Peggy dio frutos. Gracias a su profunda sabiduría y a sus sorprendentes calificaciones en ciencias y matemáticas, consiguió una beca completa en una de las principales universidades. Y cuando sus padres se dieron cuenta de que lo de lograr su sueño iba en serio, le regalaron clases de vuelo en todos sus cumpleaños y Navidades desde que cumplió 16 años.

¿Qué se siente ser astronauta? Tendrás que preguntarle a alguien que no sea Peggy, pues durante su segundo año en la universidad, encontró trabajo en una granja orgánica y se dio cuenta de que esa era su pasión real. Cambió de especialidad al estudio del medio ambiente, y ahora tiene su propia granja en la que cultiva toda clase de cosas sanas. Hace muy poco tiempo decidió que quería aprender a hacer queso. "Supongo que es irónico", dice. "Creí que me dirigía hacia el espacio exterior, y aquí estoy, firmemente plantada en la Tierra. ¡Pero por lo menos estoy usando toda esa ciencia!"

¿Eso convierte a Peggy en una persona menos exitosa? Yo creo que no. Después de todo, está haciendo lo que ama —lo que está bien, considerando la cantidad de horas que trabaja—, vive en un lugar precioso, y de vez en cuando todavía sale a volar.

Obviamente, no todas tienen la misma suerte que Peggy. Por una parte, pocas descubrimos aquello que en verdad nos apasiona a una edad tan temprana. La pura verdad es que la mayoría terminamos en ciertos trabajos y profesiones casi por accidente: tenemos que ganarnos la vida, alguien nos ofrece un trabajo y lo tomamos. Algunas veces nos gusta el trabajo, otras veces no, ¿pero qué puede hacer una chica?

Bueno, tu Cabrona Interior quiere que lo pienses y consideres tus opciones.

Considera tus opciones

Por ejemplo, cuando me di cuenta (por cierto, después de siete años) de que ser una secretaria legal no era exactamente la carrera de mis sueños, huí. Sí, sólo abandoné un excelente trabajo, bien pagado y con buenos beneficios para convertirme en (¡fanfarrias, por favor!) *escritora*. Mi decisión funcionó, pero si hubiera estado un poco más en contacto con mi Cabrona Interior, tal vez hubiera hecho las cosas de una manera distinta, como lo hizo Joan.

Recién salida del bachillerato, Joan consiguió trabajo como recepcionista en una empresa local de buen tamaño, lo cual era ideal para ella, porque odiaba la escuela y ni siquiera quería oír hablar sobre ir a la universidad. Con el tiempo, Joan terminó como asistente del presidente de la compañía, lo que, otra vez, le convenía porque ganaba bien, le gustaba el tipo y la mayor parte del tiempo el trabajo era bastante fácil. Joan contestaba el teléfono, programaba citas, pedía la comida, realizaba preparativos de viajes. De hecho, Joan estaba algo aburrida. "Algunos días llevaba un libro o me gastaba la mitad del tiempo en el teléfono con otra asistente ejecutiva que estaba pasando por una mala racha personal", admite. Por supuesto, Joan siempre ha sido la persona a la que todos sus amigos buscan para pedirle consejo porque está muy en contacto con su Cabrona Interior y porque tiene fama de ser directa.

Fue durante una de esas charlas telefónicas cuando Joan tuvo una revelación. "Dijo que el consejo que le di fue mejor que el de su terapeuta, y eso me dio una idea", me dijo Joan. "Me encantaba ayudar a la gente a solucionar sus problemas y, aparentemente, yo era buena para eso. Tarde o temprano el presidente se iba a retirar, y ¿qué pasaría si el siguiente no me caía bien? Si la situación se presentaba, ¿seguiría teniendo trabajo? Me di cuenta de que ese era el momento de explorar mis opciones, así que tras colgar llamé a la universidad local y les pedí que me enviaran un folleto."

Joan examinó el folleto a conciencia, vio que la universidad tenía un programa de estudios diseñado para estudiantes de más edad, y al siguiente día llamó al departamento de recursos humanos para preguntar sobre la política de la compañía sobre reembolso de cuotas de educación. "Pagaban el 100 por ciento, pero sólo si sacabas A",[5] me explicó. Joan se inscribió ese mismo día y se pasó los siguientes cinco años estudiando la licenciatura. Casi siempre estudiaba en el trabajo; y se graduó con mención honorífica y un promedio de 4.0.[6] Después se inscribió a una maestría en trabajo social, que también terminó mientras seguía trabajando. Un año después, el presidente de la compañía le dijo que se retiraría al año siguiente. Joan se fue el mismo día que él, para ejercer como terapeuta.

"Está bien", me dirás. "Todas estas mujeres adoran sus trabajos; muchas de ellas saben lo que realmente quieren hacer. Yo, sólo necesito mantener mi trabajo para poder seguir con mi fastuoso estilo

[5] La calificación "A" del sistema de escuelas estadounidense corresponde entre un 8.5 y un 10 en el sistema de calificaciones mexicano. (N. de la T.)
[6] Un promedio de 4.0 en una universidad estadounidense corresponde a un 10 cerrado en el sistema mexicano. (N. de la T.)

de vida. Pero eso no significa que me guste. Así que, ¿qué se supone que debo hacer?"

Buena pregunta. Tu Cabrona Interior sabe que no todas conseguimos el trabajo de nuestros sueños, y también sabe que algunas de nosotras no queremos invertir tanta energía en nuestra profesión, porque preferimos aumentar nuestros esfuerzos en otras partes de nuestras vidas. Pero quiere que estés lo más contenta posible, y que pienses en lo que funcionaría para ti.

¿Qué te funciona?

Mi amiga Dawn se pasó la mayor parte de su vida adulta realizando trabajos que, por falta de mejores circunstancias, se le "presentaban". Trabajó en ventas al público, vendió espacios publicitarios para un periódico, regresó a las ventas al público, después se trasladó a California y por alguna razón terminó trabajando como maquillista independiente para programas de televisión, sesiones fotográficas y similares. El trabajo soñado de Dawn era ser maquillista, y le encantaba, pero su vida personal era... bueno, poco menos que satisfactoria, así que regresó al Este y consiguió trabajo como reclutadora de personal. Este trabajo, según sus propias palabras, "pagaba las facturas" mientras ella se enfocaba en construir la vida que en realidad quería, lo que incluía casarse y tener un bebé.

Imaginen su sorpresa cuando, poco después de regresar de su permiso por maternidad, Dawn se dio cuenta de que no quería seguir en un trabajo que le quitaba tantas horas y que no tenía un horario fijo. En un escenario clásico de "buenas noticias, malas noticias", su jefe también se dio cuenta de esto y la despidió. Las buenas noticias fueron que Dawn ya no tenía que hacer malabarismos con su trabajo y el nuevo bebé; las malas noticias eran (obviamente) que estaba desempleada.

Sin embargo, como era una mujer ingeniosa, Dawn encontró trabajo como asistente de una maestra en una escuela primaria local. "La paga no es excelente, pero tiene sus beneficios", me dijo. "Lo más importante es que nos funciona a mi familia y a mí. Además, esperé hasta los 40 años de edad para tener una bebita y quiero pasar el mayor tiempo posible con ella."

Tu Cabrona Interior sabe que es fundamental poner el trabajo en su perspectiva correcta; después de todo, cierta parte de soñar en grande es asegurarte de que tu vida completa está lo más cerca posible de tu vida ideal. Así que no tiene nada de malo que tengas un trabajo que te permita enfocarte en otras áreas de tu vida. De hecho, eso podría ser lo ideal para ti. A fin de cuentas la cuestión candente sobre el éxito es que cada uno de nosotros tiene que definirlo por sí mismo.

Tu Cabrona Interior sabe que tu capacidad para lograr que se hagan las cosas en el trabajo depende en gran medida de otras personas, así que es bueno llevarse bien con ellas. ¿Necesitas usar la Lindura Tóxica? Yo creo que no. Pero recuerda que un poco de toma y daca vale mucho.

Capítulo Cuatro

Tu equipo, tu trabajo

Toma y daca

Como alguien escribió alguna vez: "El poder se construye con el trabajo en equipo —piensa en la Capilla Sixtina—. Los equipos están formados por individuos. Mientras más fuertes sean los individuos, más fuerte será el equipo". Tu Cabrona Interior quiere que formes un equipo fuerte. Sin un equipo no puedes tener éxito, y ella sabe que tu capacidad de lograr que se hagan las cosas en el trabajo depende en gran medida de otras personas.

"El trabajo en equipo divide la tarea y multiplica el éxito"
—Esa sabia mujer. Anónimo

Tu Cabrona Interior quiere que te asegures de que tu equipo no sólo esté formado por personas de tu departamento, porque en la mayoría de los lugares de trabajo no laboramos solamente con las personas de nuestra área. De hecho, debemos mantener relaciones sólidas con personas de toda la organización. De esa forma, cuando necesitemos que algo se haga, podemos recurrir a nuestros compañeros de equipo, para que nos ayuden a lograrlo.

¿Quiénes deben estar en tu equipo? Qué bueno que lo preguntas.

Miembros del equipo

"La Eterna Sacrificada"

Todos lo hemos visto. Estás en una junta, y alguien relativamente importante en la escalera social de la oficina dice algo como: "¿Qué les parece si probamos algo como esto?" "Esto" podría ser cualquier cosa, desde pedir comida hasta lanzar un nuevo producto; en realidad no importa porque "esto" es una idea que viene de alguien superior. El silencio desciende mientras todos miran fijamente su cuaderno de notas o de repente tienen que recuperar la pluma que cayó al piso. Todos, claro está, menos la "Eterna Sacrificada".

Tú sabes de quién hablo. Es la que siempre se ofrece como voluntaria para todas las tareas inútiles y malagradecidas, la que tiene el escritorio cubierto de ordenadas pilas de documentos que necesita para fundamentar todas esas tareas inútiles, y la que actúa como una especie de mamá de oficina. También es la que no puede entender por qué no ha recibido un ascenso en cuatro años. "Doy y doy y doy, hago todo lo que los demás me piden, ¿por qué nadie reconoce mis aportaciones?"

Tú sabes la respuesta. Ella es demasiado valiosa en ese puesto. ¡Si la ascendieran, ya no tendría tiempo de realizar todas las tareas inútiles!

La Eterna Sacrificada, como la Naturaleza, aborrece el vacío. Mientras todos están evitando cuidadosamente hacer contacto visual con los demás, ella está levantando la mano: "¡Yo lo hago!", dice ilusionada. Tu superior asiente, todos vuelven a respirar, y la Eterna Sacrificada añade otra tarea a su larga, larga lista.

Si tú eres la Eterna Sacrificada, tu Cabrona Interior quiere que respires profundamente antes de ofrecerte como voluntaria.

Si no eres la Eterna Sacrificada, asegúrate de que ella esté permanentemente en tu lista de "Invitar a la Junta" (aunque tal vez quisieras considerar darle una copia de este libro, porque como dijo Louisa May Alcott: "'Ayudarnos unas a otras' es parte de la religión de la hermandad entre mujeres". Y queda claro que esta hermana necesita ayuda).

La Malabarista

¿Esa mujer que escribe a máquina como poseída mientras sostiene la bocina del teléfono contra su oreja usando alguna extraña posición de yoga? Es una malabarista.

¿La que es capaz de encontrar el documento correcto en su archivo mientras contesta una pregunta de otra persona? Sí, otra malabarista.

¿Y la compañera de trabajo que puede manejar cuatro proyectos con fechas de entrega superpuestas, cumple con las fechas de vencimiento, hace Pilates en su hora de comida para que el ejercicio no interfiera con su vida familiar, y siempre está tranquila y relajada? Podría ser una Malabarista Experta. (También podría estar tomando algún tipo de medicamento que altere el estado de ánimo, pero, ¡oye!, si eso le sirve…)

A primera vista las malabaristas podrían ser esas mujeres que aman odiar y odian amar. Sin embargo, la verdad es que todo equipo fuerte necesita una.

La Multi-Preguntas

Sí, así. No Multi-Tareas. Como su nombre indica, la Multi-Preguntas no hace nada sin haber realizado antes una investigación completa. ¡Asígnale una tarea y ve cómo vuelan las preguntas! "¿Lo quieres en una hoja de Excel? ¿No hice algo parecido el mes pasado? ¿Podemos usar los datos existentes? ¿Qué te parece si dividimos el trabajo entre varios y yo reúno la información al final?"

"Déjame pensarlo", le contestas. Diez segundos después te oyes a ti misma diciendo algo como: "¿Qué tal si lo haces sólo porque es tu trabajo?"

Desde luego que de vez en cuando la Multi-Preguntas sale precisamente con una buena pregunta, y aunque puede volvernos un poco locas con todos sus cuestionamientos, tal vez nos proporcione un servicio valioso. Por ejemplo, hace tiempo trabajé con una Multi-Preguntas —la llamaré Mary— que utilizaba esta técnica de una forma muy efectiva. Durante las juntas, el vicepresidente de nuestro grupo solía mencionar como por casualidad que nos acababa de asignar otro proyecto.

"¿Y quién va a preparar el calendario de trabajo?", preguntaba Mary.

"Bueno, pues, yo creo que el gerente de proyectos", contestaba el vicepresidente.

"¿Y debemos llamar a algunos de los que están trabajando en los otros diez proyectos que ya tenemos?" Mary presionaba: "¿O cree que bastará con que lo añadamos a nuestra carga actual de trabajo?"

"Creo que dejaré que el gerente de proyectos lo decida."

"¿Quiere que llame al gerente de proyectos para decidir cómo lo vamos a manejar?"

"Creo que sí", decía el vicepresidente, poniendo los ojos en blanco.

Después de unas diez juntas como la anterior, Mary explicó su teoría tras todas esas preguntas. "Sé que me oigo como una idiota, pero la verdad es que [el vicepresidente] no tiene la menor idea sobre todo el trabajo que hay que hacer. Y la mayor parte del tiempo las personas que deberían hablar no hacen las preguntas suficientes y pierden mucho tiempo haciendo un montón de trabajo que no es necesario", dijo.

Desde luego, tenía razón. En última instancia, aparentando ser un poco densa, Mary usaba sus multi-preguntas para ayudar al grupo a tener las ideas claras, a organizar el flujo de trabajo y a sacar lo mejor de nuestros recursos limitados.

Tu equipo, tus reglas

Otra forma en la que ser miembro de un grupo puede ayudarte a lograr el éxito es que los equipos que cumplen de forma consistente suelen ser recompensados. Una conocida mía, a la cual llamaré Carol, desarrolló y cuidó a su equipo durante unos cuantos años, desde que se convirtió en una de las directoras de su compañía. La empresa estaba luchando por mantenerse a flote, y se quedaba siempre un poco abajo del grado de éxito que exigía la gerencia superior.

Carol echó un vistazo a su alrededor y se dio cuenta de que parte del problema era que había paredes invisibles, pero bastante sólidas, separando los departamentos, paredes que hacían que fuera casi imposible lograr que las cosas se hicieran. Al jefe de un grupo no le caía bien el jefe de otro grupo, así que disuadía activamente a su personal de darle al otro grupo la información que necesitaba. En respuesta, el otro grupo funcionaba desde una mentalidad más o menos como esta: "Si no nos van a ayudar, los vamos a debilitar". Y este tipo de actitudes proliferaban por toda la organización.

Carol se dio cuenta de que probablemente no podría cambiar eso; la única forma de arreglar el problema era reunir un equipo que trabajara evitando esas paredes invisibles.

Los miembros lógicos de su equipo eran sus subalternos, pero Carol también desarrolló relaciones estrechas con gente de otros departamentos utilizando algo que sólo puede ser llamado "tácticas de guerrilla" para lograr que las cosas se hicieran. Nunca mandaba correos electrónicos pidiendo ayuda, ni convocaba a muchas juntas. Cuando necesitaba datos para un informe, decidía qué miembro de su equipo se los podía conseguir y, pasando por su oficina sólo para saludar, se los pedía. Y alentaba a sus subalternos a hacer lo mismo. "No jueguen bajo las reglas establecidas", decía. "Jueguen para que nosotros ganemos."

Otra cosa digna de mención es que Carol entendía que el *nosotros* que podía ganar incluía a todos los empleados de la compañía, no sólo a su equipo. "Siempre creí que nuestra compañía debía tratar de vencer a la competencia con mejores estrategias; en lugar de tratar de vencernos unos a otros", me explicó. Radical, ¿no?

Formando un equipo, Carol pudo abrirse paso a través de esas paredes invisibles, creando oportunidades para hacer más eficientes los procesos y lograr que las cosas se hicieran. En otras palabras, Carol no jugó bajo las reglas que habían impedido que su compañía lograra ciertas metas. Como resultado, un año después las ventas habían aumentado y a Carol la ascendieron a vicepresidenta de su departamento. Y su equipo ascendió con ella. Obviamente sus subordinados lograron ascensos: un gerente logró el puesto de director, alguien más ascendió a ese puesto de gerente, etcétera; pero lo realmente interesante es que también los miembros de los equipos de otros departamentos lograron ascender. De hecho, ese jefe de departamento que desalentaba la cooperación se fue de la empresa "para explorar nuevas oportunidades" y un miembro del equipo de Carol que trabajaba en ese departamento tomó su lugar.

Desde luego hubo ciertos colegas sarcásticos quienes dijeron que esas recompensas eran el resultado de "adular a Carol". Pero en realidad, al jugar bajo sus propias reglas, el equipo creado por Carol en verdad cumplió.

A tu Cabrona Interior le gustaría recordarte que no tienes por qué lidiar con todos los inconvenientes que se te crucen en el camino durante el día. Pero nunca escojas el silencio cuando alguna cuestión sea realmente importante, o el silencio te llevará cuesta abajo hacia la Lindura Tóxica.

Capítulo Cinco

Escoge tus batallas

Tu Cabrona Interior está hecha prácticamente a la medida para encargarse de los conflictos inevitables que surgen en nuestra vida profesional. Y está aún mejor equipada para encontrar la solución a esos problemas. Estar en contacto con tu Cabrona Interior significa que no sólo sobrevivirás a los días en los que la oficina parece un campo de batalla, sino aprenderás qué es lo que te hace prosperar a pesar de los, muchas veces ridículos, altercados producidos por las políticas de oficina, sin recurrir a conductas tan poco apropiadas para una Cabrona como ser antipática, temblar al enfrentarte a la autoridad y tener ideas fantasiosas sobre el día en que te sientas lo suficientemente poderosa como para actuar en tu nombre (o en el de alguien más).

Vamos a explorar algunos de los conflictos típicos con los que tu Cabrona Interior te ayudará a lidiar.

El callejón sin salida

Mi amiga Minnie se encontró en un callejón sin salida poco después de que la ascendieron a un puesto gerencial de una empresa en la que había trabajado durante años. Parte de la razón por la que la promovieron fue la súbita partida del gerente anterior, quien se había ido para "dedicarse a otros intereses", lo que, desde luego, significa que lo habían despedido. En este caso el motivo fue que alguien finalmente se dio cuenta de que el tipo le había estado diciendo a su equipo que ignorara ciertas directivas que venían de arriba. "Esos idiotas no saben lo que hacen", solía decir. "Haremos las cosas a mi manera." El resultado de hacer las cosas a su manera incluía una base de datos que no funcionaba correctamente, lo que causaba que no se cumplieran las fechas de entrega y —lo que era más perjudicial— una caída en los ingresos porque la empresa no entregaba sus productos de forma eficiente. Minnie heredó lo que podría ser llamado "un lío", pero puso manos a la obra para descubrir cómo arreglar las cosas.

Rápidamente se dio cuenta de que lo primero que necesitaba era reconstruir la base de datos desde cero, así que reunió a su equipo y les mostró lo que creía que se debía hacer. Pero como las bases de datos no eran parte de su especialización, omitió un par de pasos necesarios, lo que un hombre, Joe, sintió gran placer de señalarle antes de declarar: "No puede hacerse. Tendremos que buscar una solución alternativa". El resto del equipo asintió con la cabeza al oír esta evaluación, lo que puso muy nerviosa a Minnie.

"¿Por qué no puede hacerse?", preguntó.

Otra razón más de indignación al estilo de la Cabrona Interior:

Según un estudio de *Catalyst*, una organización de investigación y consultoría, el estereotipo masculino que dice que las mujeres son malas para resolver problemas crea un callejón sin salida. Debido a este estereotipo, la gente se muestra renuente a seguir las órdenes de las mujeres líderes y, al sentir menoscabadas sus habilidades de resolución de problemas, las mujeres pierden poder interpersonal.[7]

---

[7] *Women "Take Care", Men "Take Charge": Stereotyping of U.S. Business Leaders Exposed.* (Las mujeres "cuidan", los hombres "se hacen cargo": estereotipos de los líderes empresariales de Estados Unidos al descubierto; en español). Un estudio realizado en 2005 por el portal de Internet Catalyst: catalyst-women.com.

La respuesta consistió en un montón de jerga técnica que Minnie no sólo no entendió, sino que le provocó dolor de cabeza. Terminó la junta, regresó a su oficina, cerró la puerta, atenuó la luz y se recostó sobre el escritorio.

"Sabía que iba a fracasar", me dijo cuando me contó esta historia. Pero entonces ocurrió algo mágico. Confundiendo la señal enviada por la puerta cerrada y la oficina oscurecida, Joe hizo algo que sólo puede considerarse como un error de juicio.

De pie en el pasillo, rodeado por el resto del equipo, Joe se regodeó diciendo que era el fin de Minnie. "Esa tonta no sabe lo que está haciendo", dijo.

Otro de los chicos señaló que en realidad había que revisar la base de datos completa, y que eso podía hacerse, a lo que Joe contestó: "Bueno, tú lo sabes y yo lo sé, pero ella no y, ¿quién quiere trabajar tan duro? No; haremos las cosas a mi manera hasta que nos deshagamos de la cabrona".

"En ese momento mi Cabrona Interior se hizo cargo", me contó Minnie. Se puso de pie, abrió la puerta y dijo: "Hola chicos. Tal vez no fui muy clara: mi trabajo es establecer la estrategia, el suyo es ponerla en práctica. Así que tú", dijo señalando al tipo que dijo que era posible revisar la base de datos completa, "quedas a cargo de desarrollar un plan detallado. Quiero un anteproyecto para mañana por la tarde, y tú", dijo señalando a Joe, "pasa a mi oficina".

El grupo se dispersó y Minnie volvió a cerrar la puerta mientras Joe se sentaba. "¿Va a despedirme?", preguntó él.

"No, te voy a explicar unas reglas básicas de economía. Si no arreglamos esto, la empresa sigue perdiendo dinero. Si la empresa pierde dinero, nos quedamos sin trabajo, y no será necesario que te despida. Sin embargo, si alguna vez intentas volver a engañarme, lo haré. ¿Queda claro?"

"Completamente", contestó Joe.

"Estoy segura de que Jerry agradecería algo de ayuda para desarrollar ese plan, así que por qué no le echas una mano."

Cuando le pregunté qué pasó después, Minnie me dijo que Jerry y Joe le entregaron el anteproyecto a la mañana siguiente y que durante los dos meses siguientes el equipo completo trabajó días, noches y fines de semana para reconstruir la base de datos. "Lo curioso es que Joe fue quien trabajó más arduamente", me dijo. "Y si alguien se quejaba sobre la cantidad de trabajo, él les explicaba unas reglas básicas de economía."

Sin embargo, la lección más valiosa que aprendió Minnie fue la siguiente: si tú eres la jefa, tú eres la Cabrona, y si vas a llevar ese nombre, más vale que juegues bajo tus propias reglas. Estar en contacto con tu Cabrona Interior significa que no te da miedo implantar las reglas.

Una autoridad superior

Habrá momentos en los que alguien más imponga las reglas: algunas veces será tu jefe inmediato, otras más alguien que esté mucho más alto que tú en la cadena alimentaria. Entonces, ¿qué puedes hacer cuando no estás de acuerdo con lo que esa persona te pidió que hagas? Tu Cabrona Interior quiere que plantees tu punto de vista, le agradezcas haberte escuchado y que después dejes de hablar. Saber cuándo terminar una conversación no es Lindura Tóxica, es ser inteligente. Otra opción sería un juicioso: "Lo voy a pensar".

Una conocida mía, Linda, utilizó esta técnica de forma genial. Ella estaba en la oficina de su jefe cuando entró un vicepresidente de otro departamento y le dijo que cierta información que su asistente había prometido darle a ella para un informe que era importante tener a tiempo no estaría lista. "Así que lo que estoy pensando", le dijo el vicepresidente, "es que te vamos a dar los datos sin procesar, y si tienes alguna pregunta, te pones en contacto con cada uno de los miembros de mi equipo para que te respondan".

"No sé si pueda tener el informe listo, pero déjeme pensar en otra solución", contestó Linda.

"O podría darte los datos sin procesar, para que hagas una lista de preguntas y te las podamos responder todas a la vez", sugirió el vicepresidente.

"Está bien, déjeme pensarlo", dijo Linda otra vez.

"O podríamos intentar organizar los datos de cierta manera y entregártelos para que trabajes con ellos." Eso era lo que se le había prometido, por lo tanto Linda le dijo que le parecía una buena propuesta. Cuando el vicepresidente se fue, el jefe de Linda se empezó a reír.

"¿Sabes?, si hubieras cedido, te habría dado los datos sin procesar", le dijo. "¿Qué habrías hecho?"

"Por suerte, no tengo que pensar en ello", contestó Linda.

Eligiendo tus batallas

Cuando sufrimos de Lindura Tóxica, creemos en "algún día", por ejemplo: "Algún día me sentiré lo suficientemente poderosa para expresar lo que siento sobre las cosas que me molestan", o "algún día tendré la oficina principal y tendrán que escucharme".

¿Será que la Cabrona Interior tiene que esperar hasta obtener cierto poder en su lugar de trabajo para poder decir lo que siente? Yo creo que no. Estar en contacto con nuestra Cabrona Interior nos da la autoridad para hacerlo hoy mismo, sin importar en qué nivel estemos.

Por ejemplo, mi Cabrona Interior me fue muy útil cuando trabajé en un despacho de abogados. (¿Te sorprende que con el tiempo cambiara de profesión?) La organización física de la mayoría de los despachos de abogados —y de hecho, también de la mayoría de las oficinas corporativas— es digna de un estudio sociológico profundo. Los abogados (y en las oficinas corporativas, los directores, algunos gerentes) tienen oficinas que dan a la parte exterior del edificio, con puertas y ventanas. Las secretarias y los que trabajan en cubículos están en espléndidos pasillos. En este despacho en particular, yo compartía un rincón con Carol, otra secretaria, y nuestros cubículos quedaban separados del vestíbulo por unos muros de 1.20 metros de alto. Era como trabajar dentro de una pecera: no podíamos hacer una llamada telefónica sin que cualquier persona que fuera pasando pudiera oír cada palabra que decíamos; no podíamos mantener una conversación privada; para concentrarse había que buscar el equivalente metafórico de persianas y tapones para los oídos; y si la puerta de cualquiera de las oficinas de los abogados estaba abierta nos enterábamos de todo.

Cierto día estaba yo trabajando en un proyecto relativamente largo que requería de una considerable concentración, cuando uno de los abogados más jóvenes —lo llamaré Sam— recibió una llamada telefónica que inició como una conversación de negocios. Sin embargo, en algún momento, la conversación tomó un tono más personal, y el tema parecía ser cierta mujer que salía con el cliente.

"¿Es atractiva?", preguntó Sam. Carol y yo intercambiamos miradas que se agudizaron por las cejas levantadas, mientras ella movía la cabeza en negación.

"¿Sí, pero ya la viste en traje de baño? Pueden esconder mucho con la ropa interior adecuada, ¿sabes?"

Me puse de pie, crucé el vestíbulo y cerré la puerta de su oficina.

"Eso no le va a gustar", me dijo Carol.

"Probablemente no", le contesté, mientras volteaba hacia la pantalla de mi computadora.

Minutos después, se abrió la puerta de Sam. Me llamó a su oficina y me pidió que tomara asiento. "¿Qué fue eso?", me preguntó, mientras cerraba la puerta.

"Creo que no tengo por qué escuchar conversaciones como la que usted mantenía", le dije.

"Tal vez no lo entiendes, soy abogado. Puedo mantener cualquier tipo de conversación que se me antoje", me dijo.

"Desde luego que sí. Pero no tiene por qué imponérmelas", le dije, mientras me levantaba de la silla y abría la puerta. "Escuchar conversaciones sobre el relativo atractivo de la novia de su cliente me hace sentir incómoda, por eso cerré su puerta. Si tiene algún problema con ello, tal vez deberíamos de ir a hablar con algún socio. Seguramente tendrá una opinión sobre si mi conducta fue adecuada, y estoy segura de que conoce la frase 'ambiente hostil de trabajo'." Steve sólo me miró fijamente. "Eso pensé. Entonces regreso a mi trabajo."

Cuando me senté, había una nota de Carol sobre mi escritorio. "Llevo años queriendo hacer algo así", decía.

"¿Y por qué no lo has hecho?", le pregunté a Carol sosteniendo su nota.

"Sólo soy una secretaria", dijo, encogiéndose de hombros.

Sin embargo, tu Cabrona Interior sabe que sin la ayuda de todas las empleadas de apoyo del mundo —ya sabes, esas que son "sólo" las secretarias— el trabajo no estaría listo nunca. Si lo piensas, esto te da cierto poder. Y también ella sabe que no hablar de las cosas que nos molestan tiene un nombre: Lindura Tóxica.

Haciendo las cosas al estilo de la Cabrona Interior:

Cuando cometas un error en el trabajo, y lo cometerás, tu Cabrona Interior quiere que recuerdes lo que dijo Rosalind Russell:[8] *"Los fracasos son una parte del menú de la vida, y yo nunca he sido una chica que se pierda ninguno de los platos".*

Capítulo Seis
¡Errores de juicio, o los grandes ouch!

Mejor aún, tu Cabrona Interior te ayudará a resolver los errores. Después de todo, éstos son inevitables, porque como alguien dijo: errar es humano.

"¡Oh, no! ¿Hablé en voz alta?"

Es inevitable que tengas algún momento "¡Oh, m#&%$a!" en el trabajo. Cuando suceda, tu Cabrona Interior quiere que respires hondo y lo afrontes. Sin importar cuán fervientemente quieras que el piso se abra para que puedas desaparecer como por arte de magia, lo más probable es que eso no suceda.

---

[8] Actriz estadounidense. (N. de la T.)

Alguna vez trabajé como recepcionista en un despacho de abogados. Aunque parezca que el trabajo de una recepcionista es sencillo —contestar el teléfono, saludar a los clientes que llegan, ordenar el área de recepción— en realidad es como estar en el frente de una batalla de voluntades. Tenía que mantenerme informada sobre a qué clientes había que pasar de inmediato a las oficinas, a quién había que hacer esperar, qué transacción era importante, a qué abogado de la parte contraria había que relegar perpetuamente a la categoría de "tomaré su mensaje". Era agotador.

Sin embargo, el mayor reto era uno de mis abogados favoritos (lo llamaré Mickey). Él era un adulador del tipo "tienes que amar a ese chico atrevido". También era uno de los socios principales y era un abogado estrella. Mickey generaba tanto dinero para la empresa que todos toleraban su comportamiento de chico atrevido. La forma en que lograba hacer su trabajo era un misterio, pues se pasaba la mayor parte del día paseando por la oficina y conversando con las secretarias, yendo por una taza de café y "conferenciando" con sus colegas sobre temas legales como el mejor lugar para comer ese día. Sin embargo, el pendiente principal de su lista diaria de tareas era evitar las llamadas telefónicas. Mickey odiaba tomar llamadas telefónicas. Cuando un cliente lo buscaba, yo lo hacía esperar y llamaba a la línea de su oficina. "¿Quééééé?", gemía.

"Lo llama por teléfono el señor Pez Gordo."

"Maldita sea, no quiero hablar con ese imbécil", se quejaba. "Dile que me morí. Dile que estoy enterrado bajo una avalancha de papeleo relacionado con su estúpida transacción. Dile que me escapé a Tahití para imitar a Gauguin."

"Se lo paso a su secretaria", le decía yo.

Cuando lo llamaba su esposa, era aún peor, y ella le llamaba por lo menos seis veces al día.

Esto continuó durante semanas enteras. Cada vez que le llamaban, Mickey soltaba una sarta de epítetos, lamentando su mala suerte y regañándome por molestarlo. Tenía que tomar el mensaje o pasarle la llamada a su secretaria, cuya habilidad principal parecía ser tolerar a Mickey. Pero un día, los teléfonos no dejaban de sonar, y cada llamada era importante. En medio de todo esto, llamó uno de los clientes de Mickey. "Elizabeth, en verdad necesito hablar con Mickey", me dijo.

"Espere, por favor", le contesté pidiéndole que no colgara, y comunicándome a la oficina de Mickey. Él tenía un talante extraño ese día, pues su secretaria se había reportado enferma y realmente tenía que realizar cierto trabajo para el cliente que lo estaba llamando.

"¡Ese bastardo!; yo no estaría contra la pared si no fuera por él. No quiero hablar con él, sólo da problemas. Dígale que yo…"

Mientras Mickey se enzarzaba en una diatriba prolongada, empezaron a sonar otras dos líneas. "¡Oiga!", le dije bruscamente. "Mi trabajo es contestar el teléfono y pasar las llamadas, por lo que mi sueldo es bastante menor que el suyo. Están sonando otras dos líneas y estoy segura de que quien está llamando espera que alguien le conteste. ¿Quiere tomar esta llamada o prefiere que tome el mensaje?"

Tras un momento de silencio, Mickey me pidió que le pasara la llamada. Presioné el botón derecho, contesté las otras dos llamadas y comencé a pensar en dónde exactamente había dejado mi currículum. De pronto vi a Mickey frente a mí con las manos en los bolsillos. "Holaaaaa", le dije, esperando detener el hacha antes de que cayera.

"¿Sabes que nadie me habla de esa forma?", dijo Mickey.

"Mmmmmmm", contesté, segura de que estaba a punto de despedirme de una manera espectacular, y enfocando la mayor parte de mi energía en mi ferviente deseo de que se abriera el piso y me tragara.

"Ni siquiera mi madre me habla así", dijo.

"Ajá", logré decir.

"Lo cual creo que explica por qué soy tan berrinchudo. Perdóname si he hecho tu trabajo más difícil. Intentaré ser un poco más amable, ¿te parece bien?"

"Mmm, está bien", le dije.

"Está bien", asintió con la cabeza y salió de la recepción. Desde ese momento, Mickey fue muy cortés conmigo. Seguía contestando llamadas sólo bajo coacción, pero los discursos violentos terminaron. Y comenzó a detenerse en mi lugar con pequeños detalles: una taza de café por la mañana, un poco de chocolate por la tarde. Charlábamos por momentos, y un día me preguntó si me gustaba mi trabajo como recepcionista.

"Bueno, no me disgusta, pero me está empezando a aburrir", le contesté.

"Y, me imagino que ganar un poco más no te haría daño, ¿o sí?", me dijo.

"Claro que no."

Dos semanas después me ascendieron a secretaria, con un sueldo mucho mayor que el de recepcionista. Y Mickey se convirtió en mi mentor, ayudándome a decidir que necesitaba cambiar de rumbo cuando ya se me habían acabado las oportunidades en ese despacho, y a conseguir otro trabajo todavía mejor pagado. Así que, en ese caso, lo que parecía un error resultó ser una buena maniobra.

Sin embargo, hay momentos en los que un error es un error.

La gran metida de pata

Algunos errores son de naturaleza administrativa, como aquella vez en la que Gloria llevó a cabo lo que sólo puede describirse como una campaña de marketing hecha y derecha para encontrar otro trabajo. Investigó cuidadosamente empresas de todo el país para saber cuáles le interesaban, diseñó una presentación a colores a fin de promocionar el producto conocido como "Gloria", en la que se gastó una pequeña fortuna para hacer copias encuadernadas y montó su base de operaciones en el comedor de su casa. En lugar de utilizar algo tan prosaico como sobres y correo normal, Gloria colocó su presentación en cajas forradas de lino, que envió por mensajería con entrega al día siguiente.

"Primero metes la presentación, después mi currículum. La carta de presentación va encima", ordenaba Gloria.

Mientras armaba mi primer paquete, algo extraño atrapó mi vista. Tomé la copia del currículum de Gloria para verlo mejor y, me di cuenta de que tenía un error de ortografía. "Oye Gloria, ¿en qué universidad estudiaste?", le pregunté.

"Yale", me contestó.

"Y-A-L-E o Y-E-A-L?"

"Y-A-L... ¡ay, Dios!" Me arrebató el currículum con la boca abierta en un grito silencioso. Frente a ella, en blanco y negro, estaba la evidencia de que Gloria no se había graduado con mención honorífica de una importante universidad de la "Ivy League" (Liga de la Hiedra,[9] en español), sino de la bastante menos conocida Universidad Yeal, acerca de la cual había alardeado a unas cien empresas de todo Estados Unidos.

Hoy podemos reírnos de esa situación, porque resultó que poca gente se dio cuenta del error, y Gloria recibió bastantes ofertas de trabajo como resultado de su campaña. Pero cuando se está quejando de algún error cometido por uno de sus subalternos, siempre le pregunto cuánto donó este año al fondo de alumnos de Yeal.

Sin embargo, algunos errores sólo se pueden archivar bajo la "L" de "letal", porque nunca te recuperas de haberlos cometido.

Mi amiga Bárbara es lo que podría llamarse una Patrona. Tiene una de esas oficinas grandes con muchas ventanas, muchos subalternos, así como una asistente que mantiene su agenda al día, reser-

---

[9] La Ivy League, Liga Ivy o Liga de la Hiedra es una asociación y una conferencia deportiva de la NCAA de ocho universidades privadas del Noreste de Estados Unidos. El término tiene connotaciones académicas de excelencia, así como cierta cantidad de elitismo (todas pertenecen a la Costa Este, la zona de más "rancio abolengo" del país). (N. de la T.)

va sus viajes, contesta sus llamadas, y que además tiene —y esto me deja sin palabras— una asistente. Sí, Bárbara es tan importante que su *asistente* tiene una asistente. ¡Patrona! Así que una se imaginaría que su ascenso a través del escalafón del mundo corporativo ha estado exento de tropezones. Y, una se equivocaría. Bárbara ha tenido su ración de momentos "¡ay, metí la pata!", incluyendo el que ella llama: "La más grande metida de pata".

En la época en la que la contrataron para su trabajo actual, también la cortejaba otra empresa —para la cual siempre había querido trabajar. Pasó con éxito las dos primeras rondas de "negociaciones" con esta empresa (en el nivel en el que está Bárbara, una no se presenta a entrevistas, una tiene "negociaciones" en las que todas las partes obtienen una primera impresión sobre si el candidato es el adecuado para ese puesto, y viceversa), y se dirigía a la oficina central para su primera reunión con el gerente general y presidente. Justo cuando salía de la autopista, un tipo en motocicleta se le acercó demasiado y le hizo el cambio de luces. Como en ese momento ella no podía quitarse de su camino, levantó una mano del volante, en una especie de gesto que quería decir: "¿Qué?", y que provocó un claxonazo estridente. Bárbara aceleró un poco, y en cuanto pudo se quitó para dejarlo pasar; bajó la ventana, realizó otro gesto reconocido en todo el mundo y le gritó un epíteto mientras la rebasaba.

Obviamente el tipo de la motocicleta era el gerente general con el que se iba a reunir. Y desde luego que la reconoció. Aunque Bárbara le ofreció lo que le pareció una disculpa simpática pero efectiva, no obtuvo el trabajo. "Yo quería ese trabajo", sigue quejándose cuando cuenta esta historia. Lo peor es que suele ver a este tipo en los actos de la industria, y él siempre le recuerda su lapsus de furia al volante. Por supuesto, intenté decirle que cualquier persona que no entendiera su versión de ese incidente probablemente no fuera alguien con quien ella querría trabajar, pero Bárbara sigue lamentando todo el episodio.

Deshaciendo el entuerto

Siempre he creído que aprendemos más de nuestros errores que de nuestros éxitos, en parte porque reflexionamos más sobre los errores cometidos. Después de todo, ¿alguna vez te has pasado toda la noche despierta recordando un triunfo? Por lo general reservamos los ataques de insomnio para examinar alguna metida de pata —como la horrenda entrevista de trabajo o aquella vez cuando en primero de primaria… bueno, tú lo recuerdas.

Y, ¿cómo maneja los errores la Cabrona Interior? Déjame pensarlo.

Gracia en la línea de fuego

Evidentemente, siempre va a haber errores, y tu Cabrona Interior quiere que te encargues de ellos de inmediato. No ganas nada (ni pierdes nada) fingiendo que, como hice yo una vez, se te olvidó agregar los gastos de un mes cuando hiciste el presupuesto para el siguiente año. En una situación así, es imprescindible volver a hacer los cálculos y presentar la revisión lo más pronto —y con la mayor elegancia— posible.

Seamos realistas

¿Qué pasa si no eres la primera en notar que cometiste un error garrafal? Lo más probable es que alguien (casi siempre tu jefe) venga a buscarte; y no va a ser para nada bueno. Por ejemplo, yo trabajaba como directora editorial de un periódico semanal y, una vez, mandé a la imprenta una portada con una palabra mal escrita en el titular principal. Cuando la primera pila de periódicos llegó al escritorio de la editora en jefe, ella vociferó su incredulidad y corrió hacia el área de producción agitando el documento culpable. "¡Debería despedirte en este momento!", me gritó mientras mis compañeros de trabajo encontraban cierto súbito interés en el contenido del cajón inferior de sus escritorios. Aunque en ese momento me hubiera gustado que un tornado me llevara a Oz, mi única opción real era disculparme, lo que no logró detener el tsunami de insultos de mi jefa. Por fortuna, en cierto momento tuvo que detenerse para tomar aire, momento que aproveché para decirle: "Mire, admito que es un gran c*%·"*+·%, pero, ¿podríamos tratar esto en su oficina?" "¡No!", me gritó y continuó con su sermón. No fue el mejor momento de mi carrera. Lo más favorable que puedo decir es que no me despidieron. Sin embargo, en ese momento me di cuenta de que ya era tiempo de buscar otra cosa. No sólo porque mi jefa fuera violenta (y no exclusivamente conmigo), sino también porque cometer un error así era una señal clara de que había perdido el interés por mi trabajo. Mi metida de pata en la primera plana me puso en acción; busqué otro trabajo y acabé en un puesto que pagaba mejor y que tenía el beneficio añadido de alejarme de esa jefa abusiva.

"Si te caes siete veces, levántate ocho"
Tu Cabrona Interior tiene en alta estima estas sabias palabras, porque nos recuerdan que podemos superar cualquier problema siempre y cuando estemos dispuestas a levantarnos, quitarnos el polvo y volver a empezar.

Aplica la regla de los 10 años
Lo más probable es que lo que parezca "el peor error jamás cometido" no sea el peor error en la

historia del mundo. Piensa en toda la competencia que hay por el [des]honor, por ejemplo, en la moda conocida como *hot pants*, el Renault 5 "Le Car", o el escándalo conyugal más reciente de alguna superestrella. En realidad, la mayoría de los errores sencillamente se desvanecen con el paso del tiempo, y la única que se acordará de ellos eres tú. Tu Cabrona Interior quiere que recuerdes que en diez años (o cinco, o dos o hasta en unos cuantos meses), el error que te parece tan grave en ese momento se habrá transformado en un pequeño tope en el camino al Éxito. Y, como dijo Rosalind Russell: "Los fracasos son una parte del menú de la vida, y yo nunca he sido una chica que se pierda ninguno de los platos".

Desde luego, hay algunos errores que debemos tratar de evitar a toda costa.

Errores que no se superan

Hay ciertos errores que provocan la muerte de una carrera. Por ejemplo:

- Dormir con el jefe: nunca es una buena idea. Aunque pudiera verse como una forma de ganarse el favor de alguien, mira lo que preguntó mordazmente Ellen Goodman alguna vez: "¿Si las mujeres pueden dormir con alguien para llegar a la cima, por qué no están

ahí? Debe haber una epidemia de insomnio".
La verdad es que uno de ustedes (o los dos)
perderá el trabajo. Imagínate en tu siguiente
entrevista tratando de explicar la razón por la
que te despidieron.

- Amenazas vanas: afirmar cosas como: "Si no
me da el aumento, me voy", no es una buena
idea y no logrará hacer ceder a la mayoría de
los jefes durante una negociación salarial.

- Falta de ética: lo más probable es que nunca te
repongas de que se revele públicamente que tú
fuiste quien ordenó otra trituradora de papel
para deshacerte de la evidencia de conducta
corporativa (sin importar si tú eres la culpable
de esa conducta malintencionada o si sólo estás encubriendo a otra persona). Aun si logras
ser contratada en otra empresa, te aseguro que
la sombra proyectada por este tipo de juicios
equivocados es muy grande. Tu Cabrona Interior sabe que si algo no se siente bien, seguramente no está bien —así que sólo di "no".
Quizá perderás tu trabajo pero podrás seguir
viéndote al espejo.

"*¿Qué sería la vida si no tuviéramos el valor de intentar cualquier cosa?*"

—Vincent Van Gogh

Capítulo Siete
Pensando cómo lograr que las cosas sucedan

Un reto que enfrentamos casi todos los días en nuestro lugar de trabajo es la desidia. ¿Qué hace tu Cabrona Interior cuando tus compañeros de trabajo no quieren esforzarse más que lo mínimo necesario?

Una amiga mía encontró una forma excelente de sortear las políticas de oficina —en vez de pedir perdón, pide permiso (aunque casi nunca tenga que hacerlo). Jeannie trabaja para una organización sin fines de lucro que depende de donaciones y eventos de recaudación de fondos; una de sus tareas es idear formas de promocionar la organización.

"Los 'dirigentes' de mi trabajo casi siempre evitan tomar cualquier clase de decisión", me explicó. "Cuando comencé a trabajar allí, intentaba dar ideas sobre las cosas que quería hacer para hacernos más visibles, pero parecía que nadie quería tomar una decisión. Nadie decía que no directamente, pero tampoco decían que sí. Por lo tanto, nunca pasaba nada porque, como organización, no queríamos esforzarnos más de lo necesario."

El momento crucial para Jeannie llegó, como suele suceder, durante un encuentro casual en una recepción de la industria. "Estaba hablando con alguien que trabajaba en una importante agencia artística y le mencioné que estaba pensando en contratar a uno de los clientes de su agencia —no una de las grandes celebridades, sino alguien que fuera más o menos conocido— para que acudiera como conferenciante honorario en un evento que esperábamos poder realizar. Me dio su tarjeta y me pidió que la llamara al día siguiente porque iba a tener una junta con esa persona para hablar de cómo podrían impulsar su imagen."

Cuando Jeannie llamó, el agente le dijo que la celebridad estaba encantada con la idea. El único problema era que iba a filmar una película en una locación al otro lado del mundo, y que se iba en dos meses. "¿La conferencia podría ser antes?", le preguntó la agente.

"Déjeme pensarlo y yo le vuelvo a llamar", le contestó Jeannie. Después llamó al director de un teatro local y le preguntó si tenía planeado algún evento que pudiera usarse para recaudar fondos. "Una celebridad acaba de cancelar el compromiso de narrar el espectáculo navideño y nos urge conseguir a alguien."

"¡Yo tengo un sustituto!", le dijo Jeannie. Apuntó todos los detalles y volvió a llamar a la agente; ésta llamó a la celebridad, quien dijo estar encantado. Después, Jeannie fue a la junta semanal de personal y anunció lo que había logrado. Todos estaban emocionados, y el evento terminó sobrepasando, por mucho, la meta de recaudaciones altruistas.

"Tuvimos que correr como locos para emitir comunicados de prensa y alertar a nuestros donadores habituales, pero para eso sirve el correo electrónico", dijo Jeannie. "Desde ese momento dejé de esperar a que los jefes me den permiso de desarrollar mis ideas; sólo hago todo el trabajo preliminar para poner las cosas en marcha y después les informo lo que hice."

Naturalmente, hay algunos lugares en los que esto no funcionaría, pero tu Cabrona Interior sabe que hay muchas desviaciones alrededor de los topes corporativos.

Desviaciones por topes

Por su misma naturaleza, los topes están diseñados para reducir tu velocidad. Ésta puede ser una técnica útil para controlar a los conductores, pero es contraproducente en el trabajo. Tu Cabrona Interior quiere que avances con ímpetu —o, mejor todavía—, que busques la forma de rodear los obstáculos que te esperan en el camino al éxito.

Jugando hasta el final

Por poner un ejemplo, mi amiga Ellen es la encargada de la página web de su empresa. "Nadie entiende de verdad el trabajo que representa hacer que la página web funcione, así que mi trabajo les parece realmente misterioso", me dijo. "Solía tratar de explicarles, pero en segundos se desconectaban de mi rollo. Se distraían tanto que ni siquiera oían lo que sería el resultado final del trabajo que yo estaba haciendo."

Sin embargo, eso no significaba que las personas que tomaban las decisiones de la empresa no tuvieran su propia opinión sobre lo que hacía. En realidad, tenían bastantes, además de un montón de ideas para mejorar la página —muchas de las cuales acababa de decirles que estaban en desarrollo. El problema residía en que ninguna de esas ideas era posible con el presupuesto que le habían dado, y como no querían entender lo que costaba realizar nuevos diseños, le decían que tenía que trabajar con el presupuesto existente.

Poco a poco se dio cuenta de que a nadie le importaban los detalles; sólo les importaba el resultado. Así que empezó a vender sus ideas de abajo hacia arriba. "¿Sabe cómo podríamos aumentar nuestros ingresos en un 10 por ciento? Podría hacerlo con la página web." Esta táctica captaba su atención. Y entonces añadía algo como: "Hacerlo realidad sólo costaría otros $X; ¿podríamos sacarlos de algún sitio?"

El no, no y no

Cierta vez trabajé con una persona que decía que no a cualquier idea que alguien expresara. Como era nueva en ese trabajo, me pasé la mayor parte del primer mes desarrollando un nuevo proceso para hacer el seguimiento de la producción en nuestro departamento, un proyecto que implicaba sentarse con todos para determinar los cuellos de botella que evitaban que trabajáramos juntos en forma eficiente. Todo mundo me advirtió que cualquier resultado que obtuviera sería finalmente desechado, pero no los escuché. Después de todo, ésta era una de las razones por las que me habían contratado. Así que armé una pequeña presentación ingeniosa con gráficas y todo tipo de cifras, pedí una cita con mi jefe y le enseñé mi proyecto.

"Eso no va a funcionar", me dijo. "No podrás lograr que todos lo acepten."

"Bueno, toda la gente con la que hablé me demostró su entusiasmo", le contesté.

"No lo creo", respondió, poniendo fin a la junta en ese momento.

Me quedé... bueno, decir "pasmada" es poco para lo que sentí. Me viene a la mente la palabra "frustrada"; también desacreditada, anulada y muy, muy encabritada. Después de todo, yo había pasado mucho tiempo desarrollando ese proyecto y me exasperaba que él lo hubiera desechado sin ninguna consideración. Obviamente, le conté lo sucedido a uno de mis compañeros para desahogarme.

"Te lo advertí y no hay nada que hacer", dijo restándole importancia.

"Lo voy a pensar", le dije. Y comencé a poner en práctica los cambios que eran posibles en mi propio grupo. Eliminé ciertos procesos que había identificado como superfluos e instituí formas nuevas de hacer las cosas. Un par de semanas después mi grupo estaba superando, por mucho, sus fechas de entrega. Ninguno de los otros grupos del departamento cambió nada, así que se podría decir que todos los cuellos de botella estaban ahora en su cancha.

Un mes después, nuestro jefe llamó a todos los gerentes a una junta urgente (¡el tipo adoraba las juntas!), y llegó armado con la típica gráfica hecha por su asistente. "¡Vean esto! El grupo editorial va muy por delante del resto. ¡Tenemos que lograr una mayor eficiencia!" Y procedió a detallar el mismo plan que había desechado cuando se lo presenté. Al señalárselo, después de la junta, me miró como si tuviera dos cabezas. "No es así, éste es totalmente diferente. Tu plan tenía todo empezando desde aquí", dijo, señalando una acción en su calendario de trabajo y después recorriendo la gráfica hacia abajo apuntando con el dedo. "El mío empieza aquí."

"Sí, veo que añadió una junta de planeación, pero el resto es mi plan", le dije.

"No lo es. Me pasé mucho tiempo desarrollándolo desde cero. Y tengo que ir a enseñárselo a mi jefe", me contestó, agitando "su" plan mientras caminaba por el pasillo. Lo peor es que realmente estaba convencido de que era cierto.

En ese momento me di cuenta de qué la única forma de eludir su "no" automático era hacerle creer que cualquier idea nueva era suya —y también encontré la manera de asegurarme de que otras personas de la empresa supieran que esto no era realmente así. Arriesgado, ¿verdad? Por supuesto. Así que invité a mi grupo externo a una pequeña reunión con queso y vino y pedí su opinión.

"¡Es tan injusto!", me quejé.

"Sí, querida", coincidieron todos conmigo. "Por favor, pasen el queso; y deberíamos abrir otra botella de vino mientras pensamos en una solución."

He olvidado parte de lo que sucedió en esa junta (por razones obvias), pero la solución que encontramos fue sencillamente brillante. Cuando quisiera que mi jefe aceptara algo nuevo, sólo necesitaba plantar la semilla con un simple: "¿No cree que podríamos…?" Cuando me respondía con el inevitable "no", lo aceptaba. El factor clave para asegurarme de recibir el crédito de la idea era el siguiente: justo antes de ir a la junta, le mandaba un correo electrónico con la sugerencia y lo copiaba para cualquier otra persona a quien pudiera interesarle. Como mi jefe era conocido por no abrir los correos que le enviaban sus subalternos casi nunca, este plan rozaba en lo genial.

Tuve oportunidad de probarlo al día siguiente cuando los gerentes (yo incluida) nos reunimos para hablar de cómo manejar un próximo periodo de mucho trabajo. Yo tenía una idea —¡oye, para eso me pagaban!— y él me dio todas las razones por las cuales no funcionaría. Pero yo había mandado esa idea por correo electrónico a una lista bastante larga de gente. Mi recompensa llegó durante una junta de estrategia de toda la empresa, aproximadamente una semana después. En cierto momento, mi jefe comenzó a hablar como era su costumbre: "Estuve pensando en ello y tuve una idea; ¿qué tal si…?"

Toda la gente sentada alrededor de la mesa de juntas miraba a mi jefe y después a mí y de regreso, y después todas las miradas se volvieron hacia Jake, el presidente de la empresa, cuando dijo: "Caramba, Henry, esa *es* una buena idea. También pensé que era una buena idea cuando Elizabeth la sugirió en el correo que envió la semana pasada".

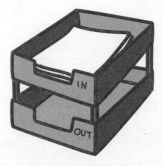

Tu Cabrona Interior quiere que recuerdes que tus horas más valiosas no son necesariamente las que pasas en el trabajo.

Capítulo Ocho
Tiempo libre por buena conducta

Tu Cabrona Interior sabe que debes trabajar, pero también sabe que tienes una vida. Si no tienes una vida fuera del trabajo, entonces tu Cabrona Interior quiere que busques una.

Haciendo las cosas al estilo
de la Cabrona Interior:
El poder para que logres tomarte unos días de
vacaciones está en tus manos. Tu Cabrona
Interior quiere que utilices ese poder en lugar de
posponer otro año más esos días que te ganaste.

Tiempo libre
por buena conducta

Tu Cabrona Interior sabe que las vacaciones son indispensables por varias razones:

1. No estás en el trabajo.
2. Lo ideal es que te estés consintiendo con cosas que no haces en tu vida diaria, como dormir hasta más tarde, o con masajes diarios, o pasándote el día entero leyendo (o escribiendo) una novela. ¡Oh!, y tal vez hasta intentando algo como el parapente.
3. Alejarte de las presiones del trabajo te permite crear recuerdos.
4. Los viajes pueden expandir tus horizontes, dotándote de nuevas ideas sobre el tipo de vida que en realidad deseas.

Por ejemplo, mi amiga Nancy salió de vacaciones y regresó con una nueva vida. Te lo juro. Después de años de no tomarse un receso laboral, decidió unirse a algunos amigos en un viaje para esquiar en los Alpes franceses. (¡Hablando de ahorrar para algo especial!) En ese viaje aprendió a esquiar (en los Alpes franceses), hizo senderismo con raquetas dc nieve por primera vez y conoció al hombre con el que se casó.

La ironía es que casi cancela ese viaje por un posible problema en el trabajo. Una semana antes de su fecha de partida, su equipo recibió súbitamente un proyecto de última hora. Aunque elaboró un plan para ocuparse del trabajo extra, Nancy estaba casi segura de que el proyecto sería un desastre si ella no estaba ahí para asegurarse de que todo saliera bien. "No puedo ir", me dijo.

"Vamos a pensarlo", le contesté, y comencé a enumerar sus preocupaciones. "Tienes un plan, ¿verdad? Tu equipo está formado por un grupo de profesionales expertos en las tareas asignadas, ¿estás de acuerdo? Y no tienes que hacer nada específico para que el proyecto salga bien; lo único que tienes que hacer es supervisarlo, ¿o no?"

"Correcto, de acuerdo, y sí", contestó Nancy.

"Vas a ir", le dije.

"Pero, pero", protestó Nancy, citando varias razones relacionadas con el trabajo por las que le era imposible irse de vacaciones. Mientras más hablaba, más claro era que estaba tan absorta en su trabajo que no podía imaginarse no estar ahí. De hecho, se hizo tan claro que hasta Nancy se dio cuenta de que de verdad necesitaba vacaciones. Mejor aún, entendió que había caído en una de las trampas de la Lindura Tóxica: tenía mucho éxito en el trabajo, pero el resto de su vida era un desastre. "Tengo que buscar algo más", decidió. Después se fue a casa e hizo las maletas.

Obviamente, no todas podemos viajar a Europa (ni siquiera hacer un viaje en coche a la periferia de la ciudad a casa de la prima Etta). Pero tu Cabrona Interior quiere que de cualquier forma saques el mayor provecho de tu tiempo libre. Para ser sincera, una de las mejores vacaciones de mi vida la pasé organizando cada cajón, clóset y librero de mi casa. Después de pasarme el día hurgando en mis pertenencias, decidiendo qué quería guardar y qué quería tirar, no me quedaban ganas para hacer la cena y pasarme la noche viendo televisión, así que salí a cenar con mis amigos todas las noches. Cuando regresé al trabajo, mi casa estaba en orden y había pasado unos ratos maravillosos con la gente que más me importaba. No fueron las vacaciones más espectaculares de mi vida —a nadie le interesaba ver fotos de mi librero acomodado por orden alfabético—, pero me dejaron vigorizada en formas que nunca hubiera imaginado y lista para vivir mi vida.

Viviendo la vida

La cruda realidad es que la mayoría de nosotros sólo tenemos cinco horas al día para dedicárselas a nuestras vidas "reales". Cinco horas. ¿Te suena lógico? Vamos a analizarlo dividiendo un día normal en lo que llamaremos *acciones a realizar*:

- Acción de prepararte: despiertas. Llevas a cabo tus rituales matinales —tomas café (o lo que sea), te duchas, te comes un bollo de los que vienen envueltos en papel aluminio y te vas. Esto puede tomar entre diez minutos y dos horas, dependiendo de tus circunstancias individuales. Por ejemplo, algunas personas dicen que preparan su desayuno y lo comen sentados mientras leen el periódico. Cierta gente hace ejercicio por la mañana (mis respetos). Otras personas tienen niños, lo que añade algo más de tiempo a este gran espectáculo de la preparación.

- Acción de trasladarte: te puede tomar desde cinco minutos (en serio, yo tenía una amiga que vivió un tiempo frente a su oficina) hasta algunas horas. Una amiga mía tarda casi tres horas de ida y otras tres de vuelta del trabajo, pero negoció un horario que, casi siempre, le permite trabajar desde su casa dos días a la semana.

- Acción de trabajar: la mayoría de los trabajos exigen que participes por lo menos ocho horas en días hábiles, aunque éstas queden cortadas por ese evento mágico que llamamos hora de comida.

- Acción de comer: sí, un bloque completo de sesenta minutos en el que puedes reunirte con una amiga para comer, ir de compras, meditar, ir al gimnasio... a menos que trabajes en uno de esos lugares que te dan media hora para comer (y tu Cabrona Interior tiene algunas reflexiones sobre el tema).

- Acción de dormir: el mínimo diario recomendado son ocho horas, pero, cómo se supone que podamos ver nuestro programa nocturno de entrevistas favorito u obtener un poco de tiempo de calidad (con lo que me refiero a, desde luego, hacer el amor, leer o lo que sea).

¿Qué nos falta? Claro. La acción de vivir de verdad, lo que incluye (pero no se limita a) lavar la ropa, comprar y preparar alimentos, ayudar a los niños con la tarea, ver la televisión, realizar el mantenimiento básico del hogar, hablar con tus amigos, y tener una relación real con tu amante/compañero/marido, tus hijos, tus mascotas —ya sabes, *todo lo que no es el trabajo.*

Por lo tanto, ¿cómo encajamos una vida completa en cinco miserables horas al día? Vamos a pensarlo.

Realizando varias tareas al mismo tiempo

Tu Cabrona Interior sabe que las mujeres somos especialistas en el arte de realizar varias tareas al mismo tiempo. Si lo dudas, llama a alguna amiga cualquier noche y pregúntale qué está haciendo. "Nada", es probable que te conteste. "Sólo estoy terminando de limpiar la cocina y preparando el baño para los niños… espérame un momento, sólo tengo que meter esta ropa a la secadora…, no, Plum, pones los huevos después de la mezcla para pastel, así, voy a encender el horno… ¿qué? No, no te hablaba a ti cariño; estoy hablando con Loretta. Perdón, Loretta. ¿Qué está pasando con esa situación en tu trabajo? El otro día lo estuve pensando y lo que yo haría…"

"Nada", en este caso, equivale a seis cosas. Todas al mismo tiempo. Cuando lo ponemos por escrito parece cosa de locos, pero vamos a analizarlo —¿qué puedes hacer en la típica media hora de cualquier noche? Si alguien estuviera filmando una película de tu día normal, probablemente encontraría múltiples ejemplos de cómo haces varias cosas a la vez sin siquiera pensar en ello. La verdad es que las cosas tienen que hacerse, y por lo general somos nosotras quienes las hacemos. Y si no, somos las que nos aseguramos de que estén hechas.

¿Esto es malo? Yo creo que no, siempre y cuando logremos que nuestro talento innato para hacer varias cosas al mismo tiempo realmente nos funcione. Y, obviamente, tu Cabrona Interior quiere que te asegures de que así sea, porque si hacer varias cosas al mismo tiempo sólo está resultando provechoso para las personas que están en nuestras vidas, es una señal segura de que la Lindura Tóxica está mostrando su fea cabeza.

¿Cómo hace varias tareas a la vez la Cabrona Interior? Con gran aplomo, naturalmente. Aquí tienes algunos ejemplos, relatados por mujeres que sí están en contacto con sus Cabronas Interiores:

• Entretenimiento durante el traslado: mientras va al trabajo, mi amiga Linda aprovecha para leer (ella utiliza el transporte público —si conduces, escucha audiolibros) o disfruta llamando a alguna amiga que también esté yendo al trabajo. Este no es el momento adecuado para hacer llamadas telefónicas de trabajo, a menos que haya alguna crisis (aunque llama a la oficina si está atorada en uno de esos embotellamientos infernales).

• Maximizar la hora de comida: una vez a la semana, mi amiga Jeannine hace algo que llama una "compra poderosa". Va al supermercado cercano a la oficina y compra la mayoría de los comestibles y artículos relacionados que necesita. Pone la carne, lácteos y congelados rodeados de hielo en una nevera gigante, y encima coloca lo demás. Naturalmente, esta actividad necesita un poco de planeación y no funciona durante los meses más calurosos del año, pero así Jeannine no necesita pasarse parte del fin de semana comprando alimentos. Mis amigas Sue y Ann lo hacen de una forma un poco distinta: cenan juntas y después van al supermercado todos los viernes por la noche, lo que les permite pasar un rato juntas y al mismo tiempo realizar un trabajo necesario, sin sus maridos ni hijos alrededor (¿a quién le gusta hacer la compra?).

• Tiempo para mí: ya están hechas la mayoría de las tareas vespertinas; los niños están en la cama y el perro ya tuvo su paseo. Mientras disfruta de su programa de televisión favorito, mi amiga Claudia dobla la ropa, usa la bicicleta estacionaria (o caminadora elíptica o hace unos cuantos abdominales) durante media hora y después se arregla las uñas. El muy conocido beneficio de arreglarse las uñas es que esto nos obliga a no hacer nada mientras se seca el esmalte, lo que nos da la oportunidad de relajarnos de verdad. Lo cual nos lleva a un punto interesante, a saber: "Recuerda, el ser humano es un ser que es, no un ser que hace". Tu Cabrona Interior quiere que detengas la locura de intentar conseguir demasiado en un solo día.

Y al final...

Tu Cabrona Interior sabe que lo que realmente importa no va a ser cuánto te aprecien tus compañeros de trabajo; no será cuánto subas por la escalera corporativa; y no será cuánto puedas ganar (aunque, ciertamente, todas estas cosas tienen su propio valor). Para asegurarte de que tienes una vida que vale la pena vivir, tu Cabrona Interior quiere recordarte que hay mucho de verdad en el antiguo dicho: "Nadie que esté en su lecho de muerte dice: 'Ojalá hubiera pasado más tiempo en el trabajo'". La verdadera razón por la que es vital descubrir la forma de crear un balance entre el trabajo y tu vida es porque te salvará de caer en el Éxito Tóxico.

Piénsalo.

"*El dinero es el medio de intercambio,*

y es como logras que las cosas sucedan.

Decir que lo odias es una tontería

idealista, sin sentido común."

–Bobby Seale

Capítulo Nueve
"Cabrona" rima con "Ricachona"

*E*studio tras estudio demuestra que a diferencia de los hombres, las mujeres no piden el sueldo que quieren, no piden bien merecidos aumentos y casi nunca negocian más de lo que se les ofrece. El quid de la cuestión es que, como resultado, durante su carrera la mujer promedio deja más de medio millón de dólares sobre la mesa (disponibles para que alguien más se los embolse).

Medio millón de dólares. Esta cifra se escribe así: $500,000. (Unos cinco millones de pesos.)

Querida, eso es mucho dinero. Si trabajas durante veinte años, estás dejando de ganar 25 000 dólares al año.

¿Qué es lo que nos impide pedir cada centavo que nos merecemos? Una vez más, probablemente la culpable sea la Lindura Tóxica. Claro que hay otras cuestiones involucradas.

Por ejemplo, aunque en 1963 se aprobó la Ley de Igualdad Salarial,[10] en 2004 las mujeres que trabajaban de tiempo completo recibían 76 centavos por cada dólar que recibía un hombre. Cuando se aprobó la ley, las mujeres recibían 59 centavos por cada dólar. En otras palabras, la brecha salarial se redujo menos de medio centavo al año.

Sin embargo, parte del problema debe ser que aquellas que sufrimos de Lindura Tóxica nos conformamos con menos porque, en parte, las Chicas Buenas no piden lo que necesitan. Lo he dicho antes y lo volveré a decir: el trabajo es algo que hacemos para obtener dinero. En esta sociedad el dinero significa poder. Cuando sufrimos de Lindura Tóxica, nos da miedo el poder. Lo vemos como algo poco atractivo. Podemos aferrarnos a esta idea con frases como: "El dinero no es algo que me interese", pero la realidad es que le tenemos miedo al poder.

Me parece ridículo. ¿Es importante el poder? Claro que sí. ¿Es importante el dinero? Bueno, seguro que sí y no sólo porque representa el poder de compra y porque poder pagar las cuentas es mejor que no poder pagarlas nunca. El dinero

---

[10] En Estados Unidos. (N. de la T.)

también es importante porque, como dijo la gran filósofa Coco Chanel: "El dinero para mí tiene un único sonido: Libertad".

Piénsalo. Si tuvieras 25 000 dólares más al año, podrías ahorrar por lo menos una parte en lo que yo llamo un "Fondo de Libertad", que te proporcionaría una protección financiera sólo por si quisieras hacer algo realmente estrafalario, como iniciar un negocio propio o comprar esa pequeña villa italiana con la que siempre has soñado. Al no hacer todo lo posible por obtener el dinero que merecemos, hacemos mucho para evitar alcanzar nuestros sueños. Y todo porque la Lindura Tóxica nos hace creer que es poco atractivo pensar en el dinero (y el poder).

En otras palabras, la Lindura Tóxica es peligrosa para nuestro bienestar y es peligrosa para el saldo de tu estado de cuenta.

Pensemos en el saldo de tu Estado de Cuenta

No estoy hablando de si te alcanza para unos jeans; estoy hablando de cuántos pares de jeans podrías comprarte. A menos de que tengas un fondo fiduciario o hayas ganado la lotería, tu salario determinará tu poder de compra.

Obviamente, tu Cabrona Interior quiere que reflexiones cuidadosamente sobre tu sueldo. Si ya escogiste algún camino para tu desarrollo profesional (o si no lo has hecho), ya sabes qué tipo de trabajo te gustaría obtener y te preparas para conseguirlo. Estudias lo que debes; creas un currículum diseñado para demostrar que tienes las habilidades correctas, bla-bla-bla. En otras palabras, realizas todos los preparativos antes de obtener el trabajo para *poder* conseguir ese trabajo.

Este mismo concepto se puede aplicar a tu sueldo. Tu Cabrona Interior sabe que el mejor momento para pensar en el saldo de tu Estado de Cuenta es antes de obtener el trabajo.

La información es poder, así que investiga. ¿Cuál es el rango de sueldos para este puesto? Cuál sería el paquete estándar de beneficios en ese tipo de industria, y averigua si la mayoría de las empresas de ese ramo suelen dar prestaciones adicionales, como opciones de compra de acciones y bonos (créeme, esto es importante). Realiza una búsqueda en línea en alguno de los portales de Internet que ofrecen este tipo de información. Tal vez hasta quieras invertir en un informe personalizado que tome en cuenta tu situación geográfica, nivel de educación, experiencia y demás. Habla con reclutadores de personal y gente de las organizaciones industriales en tu campo. Tal vez podrías llamar a algunas personas que tengan el puesto que tú quieres y pedirles un cálculo aproximado de su sueldo.

¿Sabes cuándo hablar de dinero? Nunca seas la primera en hablar sobre el sueldo durante una entrevista. Tu trabajo durante la entrevista es lucir irresistible. Así, tu jefe potencial querrá hacer cualquier cosa para que te unas a su equipo. Obviamente te cuestionarán (siempre lo hacen), así que tienes que estar lista para que la conversación dé un giro a tu favor. Hazle saber al entrevistador que el sueldo es importante y que quieres sentar las bases para determinar qué cantidad sería la correcta indagando qué es lo que esperan de la persona que obtendrá el puesto. Si te presionan para que des una respuesta, no hables sobre una cantidad específica, sino de rangos estándar de sueldo en la industria.

Cuando te ofrezcan el trabajo, probablemente te mencionen un sueldo. Nunca aceptes ninguno de los dos de inmediato (aunque el sueldo sea muy bueno). Esta es tu oportunidad de negociar el acuerdo que realmente quieres, así que éste es el momento correcto para pedir más dinero o algunos pequeños extras, como poder trabajar desde casa un día a la semana, más vacaciones, un mejor título, reintegro de cuotas de educación (si no es uno de los beneficios estándares que ofrecen) o un periodo de espera más corto para poder inscribirte en el plan de ahorro voluntario para la jubilación.

Tu Cabrona Interior quiere que recuerdes que lo peor que puede pasar es que digan que no, y que si lo que estás pidiendo es razonable, lo más probable es que te digan que sí. Si no lo aceptan y retiran la oferta, entonces recuerda que si durante el cortejo no te creyeron merecedora de cada centavo que te iban a pagar, a largo plazo no iban a cambiar de idea.

Aumenta la apuesta

¿Qué pasa si ya estás trabajando y sabes que mereces un aumento de sueldo? Bueno, tu Cabrona Interior sabe que el mejor momento para pedir un aumento es justo después de un gran éxito.

Podrías decir algo como: "¡No es necesario! Estoy segura de que el jefe se acordará de esto cuando llegue el momento de la revisión de mi rendimiento".

¡Vaya! ¿Quién escribió esa regla? Y quiero que lo pienses —en el periodo de revisión de rendimiento casi siempre hay un presupuesto establecido; uno que incluye cosas como sueldos, aumentos y cosas de ese tipo. En otras palabras, en ese momento ya es demasiado tarde para negociar un aumento bajo tus condiciones. ¿No preferirías que tu jefe hiciera su presupuesto usando tu sueldo nuevo y mejorado? Yo creo que sí.

Y, ¿cómo obtener ese sueldo más grande y mejorado? Tu Cabrona Interior quiere que uses la misma reflexión cuidadosa para obtener el aumento apropiado que la que utilizarías para negociar un sueldo adecuado y que sigas los mismos pasos.

Cuando pides un trabajo, tú y tu posible jefe saben que tendrán que hablar de dinero. A nadie le gusta que le tiendan una emboscada (los pone a la defensiva y con cierta inclinación a decir cosas como "no, no, no"), por lo tanto sería bueno que le avisaras de antemano que quieres hablar sobre un aumento. "¡Pero si acabas de decir que el mejor momento para pedir un aumento es cuando acabas de tener un gran éxito!" Eso dije. Estas dos ideas no se excluyen una a la otra. Tu jefe sabe que estás trabajando bien y tú sabes que estás trabajando bien, así que mientras el tema está fresco en su memoria, dile algo como: "Estoy satisfecha de haber conseguido esa cuenta enorme. Como acabo de lograr recaudar 'tal' cantidad de dinero para la empresa, creo que éste es un buen momento para hablar de mi compensación. ¿Cuándo podría atenderme?".

Ármate con los hechos y ten toda la documentación lista. Mantén un registro de tus logros, y no tengas miedo de utilizarlos durante la negociación. Por cierto, llegar puntual todos los días no es un logro, es una obligación. Y nadie merece un aumento porque le subieron la renta o porque acaba de comprar un coche nuevo; si tus razones para pedir un aumento no están relacionadas con el trabajo, no te tomes la molestia de pedirlo.

La práctica hace al maestro, así que sería una buena idea llamar a algún miembro externo de tu equipo para que te ayude a representar el juego de roles "págame lo que valgo". Esto es especialmente importante para aquellas de nosotras que todavía tenemos vestigios de Lindura Tóxica flotando alrededor de nuestras psiques (o sea, cada una de nosotras). Asegúrate de que quien esté representando el papel de tu jefe te lance un par de bolas curvas de tal manera que estés lista para cualquier cosa.

Recuerda que el término *no* probablemente no sea la última palabra. Aunque tu jefe no suelte el dinero, pídele algo más. ¿Qué más hay? Vamos a pensarlo.

Ventajas ocultas

Desde luego que el dinero no es la única recompensa disponible. Ya sea que estés negociando un paquete de compensaciones para un nuevo trabajo o un aumento, toma en consideración algunos de los otros componentes que agregan valor al saldo de tu Estado de Cuenta. Por ejemplo:

- El tiempo es un artículo valioso. Contempla pedir más vacaciones o un horario flexible.
- Pide la opción de comprar acciones, si está disponible.

- *Quid pro quo.* Si viajas por asuntos de trabajo, ¿quién recibe las millas de viajero frecuente? ¿Qué tal si la empresa te paga alguna capacitación o la membresía de alguna asociación industrial?

Sin importar lo que estés negociando, recuerda que tu Cabrona Interior sabe que lo vales.

Haciendo las cosas al estilo de la Cabrona Interior:

Recuerda que el dicho: "No es personal, son sólo negocios", tiene mucho de verdad. Así que la próxima vez que alguien te llame "cabrona" porque insistes en lograr la excelencia en ti misma, en tus compañeros de trabajo y en tus subordinados, date una palmadita en la espalda. Un hombre lo haría.

Capítulo Diez
Si tú eres la jefa, tú eres la Cabrona

Este no es un concurso de popularidad

Uno de los conceptos que expuse en el libro *El manual de la Perfecta Cabrona* fue éste:

"Si les pedimos a nuestros subordinados que hagan bien su trabajo, y eso significa que tendrán que trabajar más duro que antes, lo más probable es que nos digan 'cabrona'.

"Si esos subordinados no hacen su trabajo y los regañamos por ello, nos van a llamar 'cabrona'.

"Si ya los regañamos y siguen sin hacer su trabajo, sin duda seremos más firmes la segunda vez que hablemos con ellos. Definitivamente nos dirán 'cabrona'.

"Esta es la pura verdad: no importa cuán amablemente pidas algo, si eres la jefa, eres la Cabrona.

"¿Cuál es la parte importante de este sermón? Tú eres la jefa".

Ser la jefa no siempre es fácil. Ser la jefa no siempre es divertido. Pero la mayor parte del tiempo ser la jefa es mucho mejor que *no* serlo. Por ejemplo, te voy a contar un secretito sucio que la mayoría de los jefes niegan con todas sus fuerzas: cuando eres el jefe, realizas menos trabajo real que cuando estás en las trincheras. Y no quiero decir que los jefes no trabajen arduamente; muchos de ellos lo hacen. Sólo que el trabajo del jefe se trata menos de producir cosas como artefactos, cuadernos, sartenes y cacerolas —cualquier cosa que produzca cierta empresa en particular— y más sobre *dirigir* la elaboración de cualquier cosa que se esté produciendo. En otras palabras, el jefe tiene que conducir a todos los demás hacia un destino específico.

Vamos a pensarlo un momento, ¿te parece?

En su acepción más básica, ser el jefe es parecido a ser un domador de felinos: necesitas considerar el panorama completo, asegurarte de que todos los involucrados vayan en la dirección correcta (y cuando lleguen a su destino, tienes que decidir cuál es el siguiente paso).

¿Te gustaría intentar que tus compañeros de trabajo hagan algo? Piensa en lo difícil que es lograr que la mayoría de los equipos se pongan de acuerdo sobre dónde quieren ir a comer, qué *es* lo que quieren hacer. Pensándolo bien, ser el jefe tal vez no suene tan divertido después de todo. Y puesto que la mayor parte del día el jefe la pasa mandando a los demás, lo más seguro es que si tú eres la jefa, los demás sentirán resentimiento hacia ti —aunque sólo estés cumpliendo con tu trabajo. En otras palabras, si tú eres la jefa, tú eres la Cabrona.

Si tú eres la jefa (o quieres serlo), tu Cabrona Interior quiere que aceptes este hecho. Y quiere recordarte que ser la jefa no es lo mismo que hacer campaña para ser la Más Popular, aunque he tenido muchos jefes a los que he apreciado un poco y, probablemente, tú también.

Tu Cabrona Interior sabe que hay jefes malos, jefes buenos, jefes muy buenos y jefes grandiosos. Si tú eres la jefa, tu Cabrona Interior quiere que seas la mejor jefa que puedas ser. Así que pensemos lo que eso significa.

La jefa que nadie quiere ser

¿Verdad que es fácil detectar a un jefe malo? Los jefes malos son inaccesibles o no están disponibles. No te apoyan o llegan hasta a denigrar a sus equipos. No saben ni dónde están parados; muestran favoritismo; hacen exigencias realmente nada razonables (a diferencia de exigencias que sí lo son, pero como es el jefe el que las hace, parece que no lo son); y la lista es interminable. Tu Cabrona Interior sabe que nada de esto es muy útil, y que es inevitable que cree un círculo vicioso de moral baja, niveles bajos de motivación, falta de productividad (después de todo, nadie quiere esforzarse por un jefe que le pone reparos a todo) y amenazas sobre castigos y despidos.

Sin embargo, lo delicado de tratar con una mala jefa es lo siguiente: la peor jefa puede ser una de las más agradables. Ya conoces esa especie. Está tan acostumbrada a agacharse para complacer, que hace que un maestro de yoga parezca poco flexible. Pero en el proceso alguien más (casi siempre su equipo) paga el precio. Cierta vez tuve una jefa, Lisa, cuya inmersión en la Lindura Tóxica era tan completa que no sabía decir que no a ninguna solicitud, por ridícula que ésta fuera. Pero tengo que admitir que saqué partido de esa situación; por ejemplo, la vez que decidí aprovechar una oferta especial de un fin de semana en las Bahamas –salida en jueves, regreso en lunes, avión y hotel incluidos por un precio muy razonable. El hecho de que yo tomara la decisión de salir un miércoles fue un detalle un poco inconveniente, pero como sabía que ella era fácil de manejar, entré en su oficina y le pregunté si le importaría que me tomara unos cuantos días libres. "No hay ningún problema", me contestó, aunque las políticas de la empresa decían que por lo menos había que avisar con anterioridad. "¡Has estado trabajando arduamente, así que te sentará muy bien un pequeño descanso!"

En ese momento pensé que Lisa podría ser la mejor jefa que hubiera tenido. Pero, ¿lo era? Vamos a pensarlo. ¿Me preguntó si había planeado cómo se haría mi trabajo mientras yo no estuviera? No. ¿Tomó en consideración si mi ausencia afectaría a alguno de mis compañeros de trabajo? Yo creo que no. ¿Era yo la única persona del departamento que se salía con la suya con este tipo de (lo admito) comportamiento poco profesional? En absoluto. Y como Lisa tampoco le podía decir que "no" a ninguno de sus superiores, constantemente recibíamos proyectos de último minuto con fechas de entrega no razonables, lo cual creaba muchos problemas. A menudo nuestro departamento tenía que ponerse al corriente con proyectos que estaban en curso, pues aunque estuviéramos trabajando en uno de esos "proyectos especiales", Lisa daba a alguien tiempo libre o permiso de irse temprano todos los días o... bueno, sólo puedo decir que funcionábamos en un estado constante de anarquía y desorganización. La tasa de desgaste era exorbitante —los empleados se iban en pocos meses— y lo peor era que Lisa no entendía por qué.

"No entiendo por qué no podemos mantener unido al equipo. Trabajo muy duro para hacer felices a todos", me dijo un día.

"Tal vez ese es el problema", le sugerí. Pero Lisa eliminó mi idea como si fuera un bicho.

La situación llegó a un punto crítico cuando el nuevo vicepresidente ejecutivo de mercadotecnia decidió darle un nuevo aspecto a la empresa. Convocó a los gerentes del departamento creativo a una junta para ver si era posible desarrollar una nueva estrategia de reconocimiento de marca —un nuevo logotipo, nuevas imágenes, todo— en tres meses. La mayoría de nosotros sacudimos la cabeza con incredulidad, pero antes de que pudiéramos hablar Lisa profirió un: "¡No hay problema! ¡Podemos hacerlo!"

"¡Grandioso!", dijo el vicepresidente. "¡Quisiera ver algunas propuestas de diseños la próxima semana!"

"¿Es burla?", le preguntó uno de nosotros a Lisa mientras salíamos de la sala de juntas. "¿Cómo se supone que haremos eso además de nuestro trabajo habitual?"

"Sólo tengo que encontrar la manera de hacer que funcione", dijo. Fue a su oficina y cerró la puerta. Salió varias horas después con un plan que comprometía a todos a trabajar los fines de semana y cuatro horas extra todos los días hasta terminar el proyecto. "Logré que la gerencia nos permita pedir comida y cena todos los días", anunció orgullosa. Nos miramos unos a otros.

Pudimos terminar el proyecto, pero renunciaron cuatro miembros de nuestro departamento. "No puedo seguir trabajando así", dijo uno de ellos cuando anunció su renuncia. "Es fabuloso que ella sea tan linda, pero su falta de carácter me está matando."

Afortunadamente, en este punto Linda admitió que la Lindura Tóxica la estaba convirtiendo en una mala jefa y decidió dedicarse a convertirse en una buena jefa (o por lo menos una jefa mejor).

Pensar primero para dirigir mejor
El primer paso de Lisa en el camino hacia mandar mejor fue conseguir un mentor que le enseñara a dar órdenes. Todos se sorprendieron cuando escogió a un hombre de su mismo nivel en la escala gerencial, un tipo (Jim) conocido por ser bastante inflexible. También tenía la reputación de ser muy justo y de obtener excelentes resultados de su departamento. Casi nadie renunciaba, y si lo hacían, siempre era porque la oportunidad era irresistible. "Supongo que tengo que aprender de un experto", le explicó Lisa. "¿Me ayudas?"

"¿Por qué?" Esta era la respuesta habitual de Jim a cualquier pregunta. Por fortuna, Lisa tenía lista la respuesta.

"Porque tengo muy claro que la gente de mi departamento no está contenta y tengo que darle un giro a la situación o podría perder mi trabajo", le contestó.

"Está bien. Empieza cambiando la palabra 'contenta' por una que pertenezca al mundo de los negocios", le dijo. "Tu objetivo no tiene que ser mantener contento a tu equipo, porque ser jefe no es entrar a un concurso de popularidad. Tu objetivo debe ser comprender lo que necesitan para ser efectivos. Y evidentemente no lo estás haciendo."

¡Ouch!

Afortunadamente, Lisa sabía que Jim tenía razón. Así que empezaron a salir a comer una vez a la semana para hablar de lo que estaba pasando en la empresa y de cómo esas situaciones pudieran afectar a sus departamentos. Jim le explicó que el primer paso para una buena dirección era considerar el panorama completo. Después le sugirió que necesitaba encontrar la forma de sortear lo que él llamó sus "sí, por reacción visceral". Le dijo: "Tienes que pensar en cómo afectará lo que alguien te está pidiendo a todo lo demás. Si alguien te pide permiso para tomarse unos días, significa que alguien más tendrá que hacer su trabajo o que ese trabajo se quedará sin hacer. Si tus superiores quieren que pongas en marcha su más reciente idea brillante, tienes que pensar si tienes todo lo necesario para lograrlo".

"Entonces, ¿debo decir que no a todo?", le preguntó Lisa.

"No. Sólo tienes que reflexionar antes de decir que sí. Eres una gerente, por lo tanto eres la intersección en la que se juntan tu personal y los mandos superiores. Y debes manejar el tráfico que viene de ambas partes. Tu meta es asegurarte de que ese tráfico fluya sin problemas. Reflexionar sería como la luz ámbar del semáforo."

Esa tarde entré a la oficina de Lisa para preguntarle si podía contratar a cuatro trabajadores autónomos para cubrir a cuatro personas que no estaban. Esperando su respuesta normal: "Claro, adelante", me conmocioné cuando Lisa se puso la mano sobre la boca antes de hablar, y luego dijo: "Primero vamos a pensar en la mejor manera de manejar la carga de trabajo. Decide cuántos trabajadores autónomos necesitas y por cuánto tiempo, y después lo discutimos, ¿de acuerdo?".

¿Entiendes lo que pasó aquí? Lisa no dijo que no, pero tampoco dijo que sí. Obtuve mis trabajadores autónomos, pero sólo dos porque, tras analizar nuestras necesidades reales, vimos que parte del trabajo lo podrían hacer otras personas del departamento. "Pero si recibimos más proyectos, volvemos a evaluar la situación", concluyó Lisa.

Su próximo paso fue colgar un calendario en el área de juntas para hacer el seguimiento de los proyectos y para saber quién había pedido días libres. Cuando alguien pedía tiempo libre, ella consultaba su calendario antes de aceptar. Pero también lo utilizaba para arreglárselas con su jefe. Cuando él llegaba con otra brillante idea, Lisa le pedía que se reuniera con ella en la sala de juntas, señalaba el calendario, y le decía: "Podemos hacerlo, pero como verá, en este momento estamos trabajando a nuestra máxima capacidad, así que tendrá que ayudarme a dejar algo para más adelante o autorizarme a contratar trabajadores autónomos".

No le aplaudimos, porque eso no hubiera sido muy profesional.

Aspirando a la grandeza

Los jefes grandiosos son una inspiración. Pueden ser exigentes, y también todo un reto. En ciertos momentos pueden llegar a ser (o parecer) poco razonables, pero también nos obligan a dar lo mejor que tenemos, encuentran soluciones creativas a los problemas que estamos enfrentando y nos proporcionan el apoyo que necesitamos para poner en práctica esas soluciones. Y reconocen nuestro arduo trabajo.

Casi no hace falta ni decir que los jefes grandiosos —ya sean hombres o mujeres— están en contacto con su Cabrona Interior.

Según la página de Internet del Center for Women's Business Research (Centro para la Investigación de Negocios Pertenecientes a Mujeres, en español), lo más probable es que las mujeres que tienen empresas con valor de un millón de dólares o más, las hayan fundado en vez de haberlas comprado, heredado o adquirido de alguna otra forma. ¡Eso es a lo que tu Cabrona Interior llama mujeres saliendo adelante por sí mismas!

Capítulo Once

Volar sola

Tu Cabrona Interior sabe que, para algunas de nosotras, la definición real de éxito es ser dueñas de nuestro propio negocio. Debemos admirar a la Cabrona Empresarial —ella tiene una visión; tiene el valor de tomar el reto de construir algo de la nada (o de casi nada); y tiene la libertad de hacer las cosas a su manera. Probablemente también está exhausta.

Pero si realmente tu meta es ser la jefa, tu Cabrona Interior se pregunta: ¿Qué te lo impide?

"Bueno, ¿ser dueña de tu propia empresa no es un poco, umm, *riesgoso*?

Desde luego, pero según las palabras inmortales de Ronny Cammerari:[11] "¿Por qué quieres vender

---

[11] Personaje de la película *Moonstruck*, interpretado por el actor Nicolas Cage.

tu vida a tan bajo precio? Lo más peligroso que una mujer como tú puede hacer es ir a lo seguro".

Tu Cabrona Interior quiere que tomes con las dos manos todo lo que la vida te ofrece —y eso incluye los riesgos. Así que veamos cómo algunas Cabronas Empresariales se han hecho cargo de sus vidas profesionales.

Despegues accidentales

Algunas veces uno se independiza casi por error. Trabajas como una esclava en un puesto que no odias realmente, cuando de repente la oportunidad toca a tu puerta. La opción de abrirle es tuya, como también la responsabilidad de reconocer que de verdad es una oportunidad y no sólo una idea alocada.

Por ejemplo, mis amigas Tina y Louise se pasaron años trabajando en una conocida tienda de accesorios para el hogar. Amaban ciertas partes de su trabajo: estar rodeadas de diseños de buen gusto, montar exhibiciones, conocer a los clientes, los descuentos para empleados. Pero trabajar en ventas al público tiene sus inconvenientes: a veces se trabaja muchas horas; la paga, bueno, digamos que el descuento para empleados sólo llega hasta cierto límite; y cuando no hay muchos clientes puede ser bastante aburrido. Durante uno de esos periodos de sequía, Tina le mostró a Louise unos mantelitos individuales que había comprado cuando visitó a su mejor amiga en el campo. "¿No son preciosos? Los encontré en una feria rural; los hicieron unas mujeres que están intentando recaudar fondos para mandar a una chica a la universidad."

"¡Son perfectos para esos platos que has pensado comprar! Veamos." Louise tomó dos de los mantelitos individuales y montó una pequeña exhibición con los platos que a Tina le gustaría comprar. Mientras estaban jugueteando con los montajes, entró una clienta, vio la exhibición y preguntó si tenían los mantelitos en existencia. Cuando supo que eran de Tina, la clienta ofreció pagárselos al triple de lo que le habían costado. Tina no quería separarse de ellos, pero le dijo que averiguaría si había más. Después de hacer un par de llamadas, localizó a una de las mujeres que habían hecho los mantelitos y le pidió seis más.

Louise, que estaba cerca, le dijo: "Pregúntale si te puede hacer veinticuatro".

"¿Para qué?", le preguntó Tina tapando el receptor del teléfono.

"Porque si esa mujer los quiere, también otras los querrán", le dijo Louise. "Y aquí podemos venderlos a un precio mayor del que obtienen en un *stand* de alguna feria. Ofrécele más por hacernos veinticuatro."

Para hacer la historia corta, Tina y Louise terminaron no sólo vendiendo los veinticuatro mantelitos. Recibieron más pedidos y solicitudes de diferentes montajes de mesa, como carpetas y manteles completos. Entonces Tina tuvo la idea de ofrecer todo esto en telas y colores personalizados, y Louise y ella investigaron cómo obtener recursos a través de subvenciones gubernamentales para reunir su inversión inicial (que era de unos 500 dólares). En un año, Louise y Tina habían abierto su propia tienda y tenían un próspero portal en Internet en el que vendían los artículos hechos a mano por las artesanas originales, y expandieron su lista de proveedores abriendo una empresa que da empleo a mujeres que están reconstruyendo su vida tras ser indigentes. "De repente ya éramos empresarias capaces de dar una oportunidad a otras mujeres", me contó Louise, todavía sorprendida por los cambios ocurridos en su vida y en la de Tina. Claro que habían tenido que renunciar a varias cosas, como a los sueldos fijos, seguro médico pagado por la empresa y al grado de seguridad que se tiene al estar empleada en una organización establecida. Pero ambas despiertan cada día entusiasmadas por ir a trabajar.

"Y todo esto, porque salí de fin de semana y encontré unos mantelitos individuales bonitos", me dijo Tina.

La verdad es que todo esto sucedió porque tanto Louise como Tina reconocieron la oportunidad y la aprovecharon, respondiendo a cada reto que surgía y convirtiendo su negocio en una realidad.

Desde luego, tu Cabrona Interior sabe que también hay algo que decir sobre independizarse con un poco más de planeación.

"Es un proyecto de negocios"

Una mujer que conozco —la llamaré Jean—, siempre supo que quería tener su propio negocio, pero no sabía qué tipo de negocio sería. Ya en la universidad, la idea de ser empresaria le daba vueltas en la cabeza. Así que decidió estudiar una maestría en administración de empresas y ver hacia dónde la llevaba. Después de la graduación obtuvo un trabajo en el área de mercadotecnia. Como es muy inteligente y trabaja mucho, ascendió rápidamente hasta convertirse en directora, pero no estaba realmente feliz con esta situación.

"No le encontraba el sentido a que alguien más obtuviera ganancias de mi arduo trabajo", me explicó. Así que comenzó a hacer planes.

"El secreto del éxito en
la vida es... estar listo
para... aprovechar una
oportunidad cuando llega"
–Benjamin Disraeli

El primer paso fue establecer un presupuesto para poder ahorrar. El segundo fue hacer una lista de negocios de los que le gustaría ser dueña, incluyendo ideas tan obvias como una empresa de mercadotecnia y algunas verdaderamente absurdas (como una concesionaria de algodón de azúcar en un parque de atracciones). Cierto día estaba sentada en un café *gourmet* disfrutando de un *latte* y observando a la gente, cuando de pronto lo vio con claridad: quería ser dueña de su propio café *gourmet*. De hecho, quería ser dueña de *este* café *gourmet* que estaba en la misma calle de su casa. Había un par de problemas con esta idea: el primero era que ya tenía dueño; el segundo que no tenía la menor idea sobre el negocio del café. Así que le pidió trabajo al dueño para los fines de semana y aprendió lo básico —por ejemplo, cómo hacer un café exprés y otros pequeños detalles.

Para fin de año, ya tenía los conocimientos básicos; y todo el dinero que ganó entre sueldo y propinas fue a parar a sus ahorros. Fue entonces cuando dio el siguiente paso, renunció a ese puesto y comenzó a dirigir la tienda de café, que le ayudó a aprender lo que todavía no sabía, pues estaba a cargo de cosas como pedidos, programación y demás. Mientras tanto, Jean mantenía los ojos abiertos por si surgía la oportunidad de convertirse en la dueña, misma que llegó cuando el propietario del local decidió aumentar la renta.

"No puedo pagar esa cantidad", le dijo el dueño del café *gourmet*. "Voy a tener que cerrar". Pero Jean había prestado atención al hecho de que estaban subiendo las rentas de locales comerciales en esa área, y como sabía que la ubicación era ideal, había desarrollado un modelo de negocio que tomaba en consideración el aumento de la renta. Así que, después de que su jefe cerró, rentó el local, remodeló e inauguró su café *gourmet*.

Ahora bien, aquí es donde la ambición de Jean de abrir su propio café *gourmet* la puso en una posición incómoda. Algunas personas pensaban que se había aprovechado de su jefe para aprender el negocio, y como los clientes adoraban ese café, así como al dueño original, decidieron boicotear el nuevo negocio. Pero Jean estaba en contacto con su Cabrona Interior, y recordaba que el dicho: "No es personal, son sólo negocios", tiene mucho de verdad. También sabía que había un número suficiente de personas que necesitaban una dosis de cafeína (y que no les importaba quién se las proporcionara) para mantenerla en el negocio. Ahora, años después, está en otro local sobre la misma calle con más lugares de estacionamiento para expandir el negocio y poder ofrecer más que café. Todavía quedan algunas personas que boicotean el lugar, pero hay muchas más que van todos los días. Y Jean tiene lo que siempre quiso: su propio negocio.

De humilde origen...

Una destacada mujer que se arriesgó fue la señorita Lillian Vernon,[12] quien tuvo la idea innovadora de convertir parte del dinero que la gente le dio como regalo de boda, en un negocio; tú sabes, sólo algo pequeño para mantenerse ocupada y ganar un poco de dinero mientras estaba en casa con los niños.

Esta es una historia bastante conocida, pero podemos aprender muchas lecciones de ella, algunas de las cuales tuve la oportunidad de oír de la protagonista cuando trabajé en la empresa del mismo nombre. Las fundamentales son:

- La señorita Vernon (y así se le ha conocido siempre, aunque Vernon no era su apellido real) decidió que tal vez a la gente le gustaría tener elegantes hebillas para cinturón y bol-

---

[12] Lillian Vernon: inició un negocio de venta por catálogo de accesorios para dama, caballero, niño y hogar en 1952, desde su departamento en Mount Vernon, Nueva York. El nombre de su empresa es una mezcla de su nombre de pila y el nombre de su pueblo natal.

sas personalizadas, así que puso un pequeño anuncio al final de la revista *Seventeen* ofreciendo esos artículos a un precio muy razonable.

- La señorita Vernon tenía razón. Recibió pedidos con valor de 32 000 dólares.
- La señorita Vernon transformó esas hebillas para cinturón y esas carteras en una empresa multimillonaria. Y se convirtió en una persona muy importante: por ejemplo, como reconocimiento a su apoyo a la Universidad de Nueva York (a la que asistió durante dos años antes de abandonarla para casarse), la universidad estableció en su honor el *Lillian Vernon Center for International Affairs* (Centro Lillian Vernon de Asuntos Internacionales, en español). Y fue miembro de consejos de organizaciones tan respetadas como el Centro Kennedy y el Centro Lincoln. Además, recibió premios como la medalla de honor *Ellis Island*, el Premio al Héroe Nacional *Big Brothers Big Sisters* (Hermanos mayores, hermanas mayores, en español) y el Premio del Salón de la Fama de Ventas Directas.

Según el portal de Internet
del *Women's Business Research*
(Investigación de Negocios
Pertenecientes a Mujeres
se especifica:

"Las mujeres propietarias
de negocios tienen tres metas
principales: disfrutar su trabajo diario,
aumentar la rentabilidad y tener la
libertad de poner en práctica sus
propios métodos de trabajo".

En otras palabras, la dama aceptó ciertos riesgos (como estar entre los primeros propietarios de negocios estadounidenses en ir a Asia por sus productos), jugó bajo sus propias reglas (¿cuántas mujeres más iniciaron un negocio en la mesa de su cocina en la década de 1950?) y esto rindió frutos. Un comentario sobre la señorita Vernon (y lo digo con el debido respeto): esa mujer estaba en contacto con su Cabrona Interior. Entendía que ella era la jefa; estaba justificadamente orgullosa de lo que había logrado; y utilizó su posición como líder empresarial para ayudar a otras mujeres a construir carreras exitosas. Desde luego, también tenía una gran fortaleza con la que había que enfrentarse:

exigía estándares muy altos de calidad tanto de sus empleados como de ella misma, sin disculpas, sin excusas.

En otras palabras, ella fue todo un éxito.

Anexo A
10 consejos para que consigas la carrera que quieres

1. Asegúrate de que tu escalera laboral esté apoyada contra "la pared correcta". ¿Qué significa esto, exactamente? Significa que tu Cabrona Interior sabe que necesitas escoger la carrera correcta, en el momento exacto. No importa si apenas estás empezando o si ya invertiste cierto tiempo; construir la profesión que quieres exige que pases tus días laborales haciendo algo que disfrutes. Lo ideal es que por lo menos parte de ese tiempo en el *trabajo* se sienta como un *juego*.

● ● ●

2. Tienes que saber lo que quieres y estar dispuesta a hacer lo necesario para obtenerlo. Esto no significa que persigas de forma despiadada tus metas laborales. Sólo significa que debes aceptar que...

3. Ser ambiciosa no tiene nada de malo.

4. Planea tu trabajo, y trabaja en tu plan. Como dijo Mary Kay Ash: "Los que fueron bendecidos con mucho talento no tienen por qué superar a todos los demás. Las personas que sobresalen son las persistentes". Tu Cabrona Interior sabe que tener un *mapa de caminos* es la mejor forma de llegar al destino llamado *éxito*.

5. Practica yoga mental; sé flexible. Claro, puedes iniciarte en la mercadotecnia, pero eso no significa que no decidas cambiar de marcha _̣ierto punto y determines que tu verdadera _̣ón es convertirte en partera.

6. Forma un equipo y después utilízalo.

7. Toma tus vacaciones.

8. Actúa como si ya hubieras llegado a la cumbre. Eso es lo que quiere tu Cabrona Interior.

10. "No vivas tratando de cumplir expectativas. Sal y haz algo extraordinario."
    –Wendy Wasserstein

9. Vas a cometer errores: lidia de frente con ellos.

CONSEJO ADICIONAL: Conoce la diferencia entre tú y tu profesión.

Anexo B
Frases escritas
. en la pared, o...
"cuando veas las barbas
de tu vecino cortar..."

No, esta no es una advertencia sobre graves consecuencias. Este anexo se refiere, desde luego, a las frases de inspiración que tu Cabrona Interior cree que sería útil pegar en algún lugar donde puedas verlas todo el día. Fotocopia las que creas que pueden servirte, ¡o alócate y crea las tuyas propias!

"Es más fácil pedir perdón que pedir permiso".
Piensa en esta frase la próxima vez que estés
considerando una maniobra arriesgada.

"Si al principio no tienes éxito,
destruye toda la evidencia de que lo intentaste."
−Susan Ohanian

• • •

Si no saben aguantar una broma, que se fastidien.

• • •

Si estar en la cima es muy solitario, ¿por qué
los chicos de allá arriba no nos piden que nos
reunamos con ellos?

• • •

"Actúa como si fracasar fuera imposible."
−Dorothea Brand

Las palabras "talla única" no sirven para el éxito,
como tampoco sirven para la ropa.

• • •

Alguien que no te ayude a llegar a la cima,
no te va a ayudar a mantenerte en ella.

• • •

Me llamas Cabrona como si eso fuera malo...

• • •

No necesito saberlo todo.
Para eso tengo gente.

• • •

SOBRE LA AUTORA

Elizabeth Hilts tuvo algunos trabajos que le gustaría olvidar, otros que le encantaron y algunos más que sólo fueron medios para alcanzar un fin (como, por ejemplo, sobrevivir). Hoy en día trabaja y vive en Connecticut, y está abierta y lista para la siguiente oportunidad.